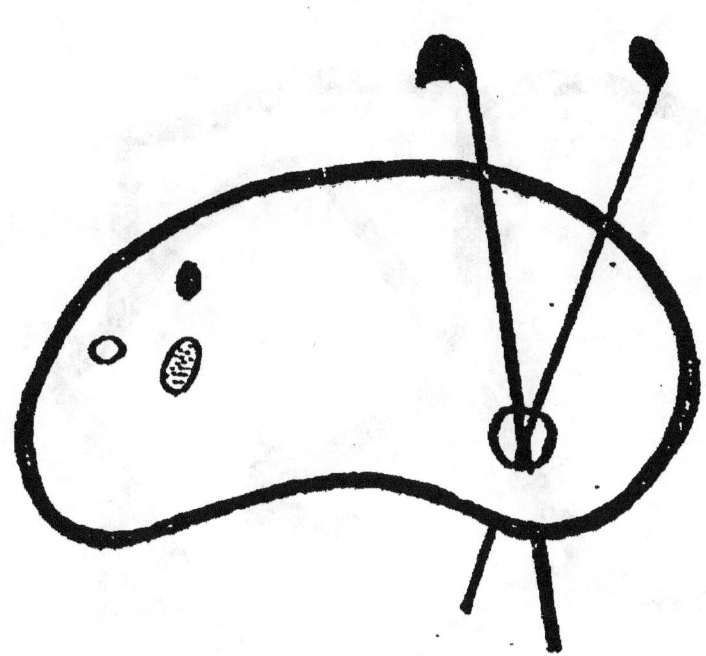

DEBUT D'UNE SERIE DE DOCUMENTS
EN COULEUR

Couverture inférieure manquante

COUP D'ŒIL GÉNÉRAL

SUR LA

RÉGENCE DE TUNIS

DEPUIS

SON ORIGINE JUSQU'A NOS JOURS

PAR

François GAUTIER

« La domination la plus assurée
est celle qui est agréable à ceux-
là même sur qui on l'exerce. »
TITE-LIVE.

PARIS

EN VENTE CHEZ LES PRINCIPAUX LIBRAIRES ET CHEZ L'AUTEUR

PARIS, 6, AVENUE LOWENDALL, 6, PARIS

1891

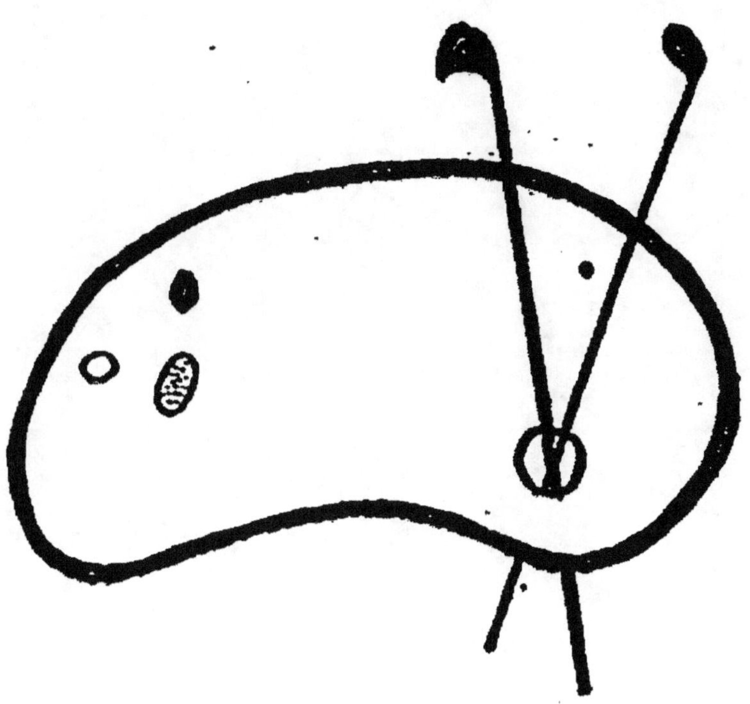

FIN D'UNE SERIE DE DOCUMENTS
EN COULEUR

COUP D'ŒIL GÉNÉRAL

SUR LA

RÉGENCE DE TUNIS

COUP D'ŒIL GÉNÉRAL

SUR LA

RÉGENCE DE TUNIS

DEPUIS

SON ORIGINE JUSQU'A NOS JOURS

PAR

François GAUTIER

« La domination la plus assurée
est celle qui est agréable à ceux-
là même sur qui on l'exerce. »
TITE-LIVE.

PARIS

EN VENTE CHEZ LES PRINCIPAUX LIBRAIRES ET CHEZ L'AUTEUR

PARIS, 6, AVENUE LOWENDALL, 6, PARIS

1891

PRÉFACE

—

Mon hésitation à écrire une préface pour votre excellent travail sur la Tunisie, que j'ai lu avec beaucoup d'attention et de plaisir, vient surtout de ce fait que mes études sur ce beau pays ont porté bien plus sur les richesses archéologiques enfouies dans le sol que sur les productions naturelles et industrielles.

En lisant vos premières pages, je voyais à travers l'entassement des années ce rapide défilé des peuples anciens, Numides, Phéniciens, Lybiens, Tyriens, Grecs, Carthaginois, Romains, Vandales, Maures, etc., qui tour à tour se disputèrent cette terre d'Afrique si abondamment arrosée de leur sang. Puis, parcourant avec vous le moyen-âge et les temps modernes, nous arrivions à l'époque actuelle, à l'occupation française, si féconde en bons résultats par suite de l'excellence de son administration. J'ai surtout retenu de la lecture de votre opuscule que l'écueil commun à beaucoup d'historiens de la Tunisie a été évité habilement par le rejet de faits historiques de médiocre importance ou qui sont contestés ou exagérés à plaisir.

En un mot, vous avez démontré une fois de plus que la science historique ne saurait admettre aucun compromis vis-à-vis des événements et des personnes. Il était nécessaire d'insister sur les faits qui ont amené notre intervention en Tunisie; vous l'avez exposé clairement et brièvement comme il convient. Cette compensation légitime nous était due après la perte de notre influence en Égypte; c'était, comme vous le déclarez, une cruelle déception pour l'Italie, mais devions-nous continuer une politique de sentiments, pour être payés comme toujours d'une noire ingratitude?...

La conquête par l'épée et la charrue, *ense et aratro*, comme disait Bugeaud pour l'Algérie, ne doit être appliquée à la Tunisie que dans sa deuxième partie. Le jour ne me semble pas éloigné où les vastes régions du Sahara, dites « *sphères d'influence française* », seront enfin livrées à nos explorateurs et à nos savants par la création de voies de communication.

J'ai la conviction que votre petit livre sera utile à la cause du progrès et qu'il fera aimer ces régions en les faisant mieux connaître.

Émile THELLIER

Officier d'Académie.

Paris, le 23 janvier 1891.

LA RÉGENCE DE TUNIS

L'origine de Tunis varie suivant les auteurs, et la plupart d'entre eux déclarent que l'époque de sa fondation n'a jamais pu être exactement établie ; il paraît cependant certain que l'existence de cette cité est antérieure à celle de Carthage, car sur ce point les écrivains de l'antiquité sont presque à l'unanimité tombés d'accord.

En effet, alors que Carthage, la future rivale de Rome, fut fondée par Didon, princesse de Tyr, vers l'an 860 av. J.-C., la tradition, les souvenirs et les rapprochements historiques sur lesquels il est permis de s'appuyer indiquènt que des émigrants phéniciens vinrent se fixer à Tunis 30 ans avant le siège de Troie. A cette époque, ils trouvèrent la ville déjà occupée par les Numides.

Cette descente des Phéniciens sur le littoral africain aurait donc été opérée 1200 ans environ avant l'ère chrétienne ; en petit nombre, ils se confondirent plus tard avec les Lybiens, les Tyriens et les Numides pour ne former qu'un seul peuple. Vers l'an 640, les Grecs vinrent y jeter les fondements de leurs premières colonies : Utique, Cyrène, Hyppone et d'autres cités importantes furent construites par eux ; Carthage se développa alors rapidement et domina bientôt sur tous les rivages de la Méditerranée occidentale.

Après avoir conquis l'Italie, Rome, qui aspirait à la conquête du monde, commença à s'alarmer de la puissance carthaginoise. La guerre devint bientôt inévitable. Dans cette longue lutte, Carthage succomba parce qu'elle n'avait pas su, comme Rome, se rattacher les provinces qui composaient son empire et que sa constitution politique était restée défectueuse. Les habitants de Carthage, administrés par les commerçants notables, ne songeaient qu'à s'enrichir ; l'empire, qui ne possédait aucun citoyen soldat, était protégé par des mercenaires, il n'avait d'autre défense que Carthage elle-même qui, avec ses ports, ses maisons hautes de six étages, ses épaisses murailles et ses 120.000 âmes, passait dans l'antiquité pour imprenable.

Les Carthaginois, qui combattaient pour leur propre existence, se défendirent toujours avec un acharnement incroyable, repoussant toutes les attaques, remportant même un grand nombre de victoires. C'est sous les murs de Tunis que le général romain Atilius Régulus fut attaqué et fait prisonnier par Xantippe qui commandait l'armée carthaginoise, Régulus ayant refusé de se sauver par un parjure, fut torturé et mis à mort. Mais avec l'arrivée de Scipion Émilien, fils adoptif de Scipion l'Africain, les choses changèrent de face. Après avoir fait le siège de la ville et pour ainsi dire de chaque maison, un incendie allumé par ses ordres, qui dura 18 jours, détruisit Carthage de fond en comble (146); et son territoire forma une nouvelle province d'Afrique.

A ce moment, les Romains mirent tout en œuvre

pour conquérir plus encore sur le littoral africain. Ils fondèrent de nouvelles colonies dans ces régions d'une fertilité et d'une richesse de production extraordinaires et s'emparèrent de territoires précédemment abandonnés par eux à un chef numide en récompense de son alliance.

L'existence de Tunis, qui dépendait de l'empire carthaginois, avait été souvent mise en péril par les armées romaines lors des guerres Puniques, aussi sa prospérité ne commença-t-elle réellement qu'après la destruction de Carthage. Sous César Auguste, cette dernière ville fut reconstruite. Elle devint bientôt florissante, grâce à l'industrieuse activité de ses habitants et aux multiples ressources de son sol, un grand nombre de maisons de plaisance furent élevées dans ses environs par la noblesse de Rome qui s'y donnait rendez-vous.

Mais, tandis que Rome affermissait sa puissance, les peuplades soumises par la force des armes tentèrent plusieurs fois de secouer le joug de leurs vainqueurs. Un chef numide intrépide, nommé Tacfarinas, à la tête de tribus révoltées, lutta pendant plusieurs années et souvent avec succès contre la domination romaine. Après sa mort, l'élément romain reprit le dessus, mais l'apaisement fut de courte durée et, dans la suite, les légions romaines durent à diverses reprises réprimer les velléités d'indépendance qui se manifestaient parmi les populations, à l'instigation même des gouverneurs. C'est ainsi qu'à Badja (aujourd'hui Béja), qui s'était soumise dès le début de la conquête romaine, les habitants ayant saisi l'occasion d'une réjouissance publique pour massacrer en partie les soldats romains qui y tenaient garnison, la ville fut entièrement livrée au pillage des troupes par Métellius, que cette trahison avait indigné. La répression la plus sanglante eut lieu vers 310, époque à laquelle toute la province fut saccagée et mise à sang.

Un demi-siècle plus tard, vers 375, Rome eut à combattre le général maure Firmus qui, par une série d'éclatantes victoires, était parvenu à se rendre maître d'une partie des possessions romaines en Afrique. Après de longues luttes, Firmus, battu par les troupes de Théodose, en fut réduit à se donner la mort, mais sa fin fut aussi celle de la puissance romaine dans ces contrées. En effet, quand les Vandales apparurent dans le pays, ils le trouvèrent dans un état d'épuisement et de révolte qui leur permit de s'y maintenir facilement par la terreur. Après avoir conquis tout le nord de l'Afrique, ils firent le siège d'Hippone (430), où ils se signalèrent par des procédés aussi implacables qu'odieux ; l'évêque saint Augustin mourut pendant le siège de cette ville qui dura près de deux ans. Assiégée à son tour, Carthage succomba (439) et devint leur capitale. Ces peuplades farouches occupèrent progressivement la Mauritanie, la Tripolitaine, puis la Gétulie et la Numidie ; les chrétiens orthodoxes eurent partout à souffrir de leurs persécutions et de leurs doctrines. Cette invasion des Vandales, qui se prolongea près d'un siècle, ne fut pour ces pays qu'une longue et cruelle oppression.

En l'an 533, une flotte partie de Constantinople et commandée par Bélisaire, général de Justinien Ier, empereur d'Orient, s'empara de Carthage presque sans coup férir. Les Numides et les Maures, courbés depuis cent ans sous le poids d'une aussi lourde domination, ne virent dans les nouveaux arrivants que des amis de leur indépendance, les portes des principales villes leur furent ouvertes et leur intervention acceptée partout avec enthousiasme. Un an après, les Vandales, définitivement battus et défaits, disparaissaient pour toujours de l'Afrique (534) et la conquête arabe était un fait accompli. Les nouveaux vainqueurs, dont l'origine asiatique, la race, l'allure nomade étaient presque identiques à celles des populations qu'ils venaient de conquérir, rencontrèrent dans cet élément africain une facilité d'assimilation que n'avaient pas trouvée leurs devanciers. Le prestige des Arabes s'accrut par la suite dans des proportions surprenantes; le chef de l'Islamisme, ne reculant devant aucun moyen pour propager cette religion nouvelle, recommanda jusqu'à l'emploi de la force et des armes (623) dès le début de l'ère musulmane (1). En 637, ils pénétraient en Égypte, pillant et incendiant les temples chrétiens, élevant à leurs lieux et places un nombre considérable de mosquées. La bibliothèque d'Alexandrie fut brûlée à cette époque d'après les ordres donnés par le calife Omar à son lieutenant Amrou. Encouragés par leurs succès, ils s'emparèrent de Tripoli puis de Kairouan; vers 665 cette dernière cité fut proclamée ville sainte parce qu'elle possédait les restes sacrés du confident de Mohammed. Plus tard, les Arabes, chassant les Grecs de Carthage, détruisirent complètement la ville après l'avoir saccagée, les marbres et les richesses qu'elle renfermait furent transportés à Tunis. A la suite de nouvelles conquêtes et après avoir envahi l'Espagne, la puissance arabe était devenue redoutable; elle comprenait à ce moment l'Égypte, la Perse, la Syrie, l'Arabie et l'Afrique septentrionale. Tunis retira un grand profit de la gloire musulmane, car, après avoir aboli les sacrifices humains, les Arabes imprimèrent un réel progrès aux arts, aux lettres, à l'industrie et à l'agriculture. Cependant vers 756, de nombreuses rivalités

(1) L'ère musulmane ou Hégire commence en l'an 622 après J.-C., époque à laquelle Mahomet s'enfuit de la Mecque, où il était persécuté, pour se retirer à Médine.

surgirent entre les divers califats qui, jaloux les uns des autres, se dépouillèrent tour à tour; Tunis, possédée alors par les califes Aglabites de Kairouan, ne fut pas épargnée, elle tomba aux mains des Fatimites qui la conservèrent peu de temps et auxquels elle fut reprise par le calife de Cordoue, que les vaincus avaient appelé à leur secours.

La calife de Kairouan fut dépossédé en 998 pendant qu'il était en Égypte, par un Berbère du nom d'Abul-Ageix qui, profitant de son absence, était parvenu par ses promesses et ses intrigues à se rendre maître de la ville. A son retour, le calife détrôné reprit Kairouan après une lutte acharnée et Abul-Ageix fut mis à mort; son fils ayant eu le temps de s'enfuir se réfugia à Tunis, où il fut accepté comme souverain. Les descendants d'Abul-Ageix y conservèrent le pouvoir jusqu'en 1140 : à cette époque le chef des Almohades les en chassa.

Les Almohades s'appliquèrent dès leur arrivée à réparer le mal et l'épuisement causés au pays par tant de guerres et de révolutions successives. Avec eux commença pour Tunis une ère de prospérité et de paix; les échanges, le commerce qui consistaient en tapis, maroquin, blés, étoffes, huiles, etc., s'accrurent dans de notables proportions; des traités furent conclus avec l'Italie et étendirent les relations extérieures, les chrétiens purent circuler librement en sécurité. Cette période florissante de près d'un siècle et demi prit en partie fin en 1270. La puissance des Almohades avait diminué à partir de 1212 et surtout de 1236, à cette dernière date les Maures, précédemment battus à Tolosa par les rois de Castille et d'Aragon, furent expulsés d'Espagne par Ferdinand III. Peu de temps après, les Mérinites commençaient à s'emparer de quelques-unes de leurs possessions africaines, mais ils firent si bien qu'au bout de vingt ans l'empire entier des Almohades était passé entre leurs mains.

Les Maures se reconstituèrent et se maintinrent en Espagne jusqu'en 1492, époque à laquelle Ferdinand V le Catholique les en chassa définitivement. Ils se réfugièrent alors en Afrique, où se trouvaient déjà leurs coreligionnaires expulsés de Sicile, et principalement à Tunis.

Les derniers événements n'avaient pas porté une profonde atteinte à la prospérité de Tunis. Bientôt, avec le calme et la paix, de nouveaux traités avec la Sicile et Florence vinrent augmenter les transactions commerciales, des caravanes de marchands traversèrent le pays. Des écrivains, des historiens célèbres se révélèrent aussi : il faut citer parmi eux Aboul-Faradj, évêque d'Alep et Mehemet-ibn-Batoutath, dont les écrits font encore autorité de nos jours.

Mohammed-Mostanser régnait à Tunis depuis 1249 lorsque en 1270, Saint Louis vint l'attaquer dans le but de le convertir lui et son peuple; on sait que le roi de France cingla vers Tunis sur les conseils réitérés de son frère. Si Charles d'Anjou fit entrevoir à Louis IX l'espoir chimérique d'établir le christianisme dans ce pays sous le prétexte que la seule apparition d'une armée chrétienne suffirait à en opérer la conversion, la véritable préoccupation du roi des Deux-Siciles fut plus vraisemblablement de mettre ses États à l'abri des pirates barbaresques et de punir en même temps ces derniers de leurs audacieux méfaits.

Les croisés s'emparèrent du château de Carthage défendu par 300 soldats, c'était tout ce qui restait de l'ancienne rivale de Rome ; mais avant de marcher sur

Tunis, ils attendirent, comme il avait été convenu l'arrivée de Charles d'Anjou et de ses renforts. C'est dans cet intervalle que l'armée eut à subir de terribles épreuves. Sans nourriture végétale, sans eau potable, entourée de marais croupissants, de citernes pleines d'insectes, de cadavres décomposés, elle vit bientôt, par une chaleur torride, la peste éclater dans ses rangs qui furent rapidement décimés. Atteint lui-même par le fléau, Saint Louis succombait à son tour sous les murs de Tunis (1270) (1). Après la mort du roi son frère, Charles d'Anjou arriva avec sa flotte et prit le commandement des troupes, mais loin de poursuivre les premiers succès, il jugea bon de traiter d'une paix d'ailleurs avantageuse ; les conditions imposées à Mohammed-Morstanser par Philippe le Hardi, fils et successeur de Saint Louis, furent acceptées par lui et terminèrent les hostilités. Les premiers ordres religieux établis à Tunis datent de cette époque, les dominicains furent autorisés à y fonder un couvent dès 1271, si on en croit les annales de cet ordre fameux.

L'empire de Tunis, dont faisaient alors partie les villes de la Calle, Tripoli, Bougie, Bône, Cherchell, Djigelli, eut encore à jouir d'une longue période de paix. Avec les traités strictement respectés de part et d'autre, le commerce prit un nouvel essor, les Maures y avaient apporté leur industrie et leur travail. Mais le souverain de Tunis eut fréquemment à se défendre contre les corsaires génois, vénitiens et catalans, qui se livraient par profession à des actes de rapine et de brigandage. Ceci dit pour détruire l'assertion

---

(1) Les comtes de Vendôme, de la Marche, de Vigne, le maréchal de France Gauthier de Nemours, les sires de Montmorency, de Brissac, d'Apremont, etc., étaient déjà morts.

qui consiste à montrer le roi de Tunis comme se livrant lui-même à ce métier d'écumeur des mers. Si Tunis eut des corsaires, ce fut surtout pour prévenir les attaques des nombreux pirates qui infestaient ses côtes et dans un but de légitime défense et de justes représailles.

Plus tard, les Génois ayant sollicité la protection de la France pour le règlement d'un différend soulevé entre eux et le souverain de Tunis, le roi Charles VI dut intervenir. Cette intervention (1391) eut pour effet de mettre fin à la querelle pendante, le duc de Bourbon, oncle du roi de France, obtint facilement des Tunisiens la promesse que rien dans l'avenir ne serait entrepris contre les Génois.

Pendant que Tunis se développait à peu près paisiblement, Alger demeura longtemps le centre d'agitations et de luttes qui désolèrent les contrées septentrionales de l'Afrique. C'était un repaire de brigands et de pirates de toutes origines. L'ancien prestige des Maures et des Arabes, ces glorieux conquérants, avait presque totalement disparu, leur puissance était nulle maintenant; les Espagnols profitèrent de cette décadence pour débarquer en Afrique et s'emparer d'Oran (1509). C'est alors que la population d'Alger, voyant son indépendance menacée, appela à son aide l'audacieux corsaire Aroudj-Barberousse. Cet homme plein d'ambition et d'astuce répondit à l'appel des Algériens, mais avec l'intention bien arrêtée de conserver Alger pour lui-même s'il parvenait à s'en rendre maître.

En 1516, Alger tombait entre ses mains. Malgré son échec devant Bougie, ses possessions s'accrurent l'année suivante; il ne les maintint sous son autorité que par la tyrannie et la crainte jusqu'au moment où Charles-Quint, considérant sa situation en Afrique comme compromise par un adversaire aussi déterminé, résolut de

s'opposerà l'envahissement de cette puissance nouvelle.
Il l'attaqua en 1518 devant Tlemcen et le mit en
déroute. Dans cette bataille, Barberousse fut tué, atteint
par un boulet; son frère Khair-Eddyn Barberousse
lui succéda.

Alger fut placée alors sous la protection du sultan
de Constantinople. Khair-Eddyn avait sollicité lui-
même cette protection de Sélim dans le but d'affermir
sa puissance chancelante, il reçut en échange le titre
de Dey et deux ans après, à l'avènement de Soliman, il
était appelé au commandement des flottes ottomanes
(1520).

En 1530, Muley-Hassan régnait à Tunis. Ce prince
n'avait pris possession du pouvoir qu'en violant les
droits de son frère aîné qui, par priorité d'âge, était
l'héritier présomptif du trône paternel. Pour gouverner
à sa place il l'avait fait jeter en prison, mais le prisonnier
s'étant évadé peu de temps après décida de le chasser
à son tour du royaume. A cette fin, il résolut de se
rendre en Algérie auprès de Barberousse, dans l'espoir
que le successeur d'Aroudj lui prêterait l'appui de ses
forces pour la restitution de ses privilèges et le renver-
sement de l'usurpateur. Mais Barberousse, qui guerroyait
en Morée, où il avait enlevé aux Vénitiens leurs dernières possessions, ayant appris que plusieurs tribus algériennes s'étaient, pendant son absence, soulevées contre
son autorité, arriva soudainement en Afrique. Lorsqu'il
eut acquis la certitude que Muley-Hassan était lui-même
l'instigateur de ces désordres, il attaqua Tunis puis
Bizerte et s'empara de ces deux villes (1534). Le souverain de Tunis ne trouva son salut que dans une fuite
précipitée ; quant à son frère, il fut conduit enchaîné
devant Soliman à Constantinople et ensuite abandonné

en Asie. En présence de ces revers, Muley-Hassan ne se tint pas pour battu et, après avoir vécu quelque temps caché, il s'en fut implorer le secours de l'empereur Charles-Quint.

Déjà le bruit courait que Khair-Eddyn Barberousse, le nouveau maître de Tunis, devait, à la tête d'une puissante flotte de barbares, non seulement piller les côtes d'Italie, mais encore passer en Sicile avec des troupes considérables de Turcs et d'Africains. Charles-Quint comprit qu'il fallait agir le plus rapidement possible. Il fit armer aussitôt de nombreux vaisseaux et lever une armée d'Espagnols et de Germains à laquelle vinrent se joindre plusieurs princes italiens à la tête de leurs soldats (1).

Le 25 juillet 1537, l'empereur attaquait la citadelle de la Goulette qui tombait en son pouvoir après une défense énergique. Barberousse mis en fuite se retira sur Tunis pour la défendre en personne, mais après plusieurs jours d'une longue et brillante résistance, Tunis capitula et Charles-Quint pénétra dans la ville, où il fit prisonnier Khair-Eddyn. Peu après, Sousse était à son tour attaquée et soumise par André Doria qui commandait une flotte au nom de Charles-Quint.

Le premier acte du vainqueur fut de replacer sur le trône l'ancien souverain Muley-Hassan qui, par reconnaissance, accepta la suzeraineté de son bienfaiteur. La citadelle de la Goulette fut occupée par des troupes espagnoles, et trois mille chrétiens retenus captifs et dans les fers furent rendus à la liberté le jour anniversaire de saint Jean-Baptiste. Toutefois, la domination espagnole fut de courte durée, car le Sultan de Constan-

____

(1) Barberousse ravageait et dépeuplait déjà les rivages d'Italie et d'Espagne par une piraterie puissamment organisée.

tinople s'empressa de prendre des mesures pour combattre le développement de cette puissance africaine qui lui portait ombrage. Il prépara bientôt une expédition composée d'une armée de Turcs et de Maures et d'une flotte bien exercée, dans le but de mettre fin à une situation qu'il considérait comme préjudiciable à son influence religieuse et menaçante pour ses possessions.

De son côté, Philippe II, fils de Charles-Quint, avisé de ces dispositions agressives, donna immédiatement des ordres pour faire face aux nécessités impérieuses de la défense. Don Juan d'Autriche, qui commandait la flotte espagnole et en connaissait par conséquent l'infériorité, recruta pour l'armement de ses navires des réfugiés et des criminels auxquels on ouvrit les prisons en leur promettant, en cas de succès, l'impunité et les dépouilles des vaincus. Don Pedro de Carrera fut chargé de défendre la forteresse de la Goulette, au nom du roi très chrétien.

L'attaque des Turcs se produisit au mois d'août 1574 ; après avoir bombardé la citadelle et renversé les travaux de défense, Sinan-Pacha s'empara de la Goulette et mit à mort tous les chrétiens sauf quatorze qu'il envoya enchaînés à Constantinople; le gouverneur espagnol fut de ce nombre. Tunis succomba également, ses murs et ceux de la nouvelle citadelle furent rasés, après quoi les nouveaux vainqueurs fortifièrent solidement leur conquête et la capitale du royaume ne tarda pas à devenir un foyer perpétuel de piraterie (1).

Avec la domination turque commença pour Tunis une ère nouvelle. Le gouvernement du pays fut pour ainsi dire partagé entre un délégué supérieur envoyé

(1) Ceci est mentionné dans un ouvrage très ancien que l'auteur a eu sous les yeux.

de Constantinople et le Dey qui, en même temps chef
des Janissaires, était élu par le conseil suprême. Mais le
conseil suprême ou Divan était nommé par le Dey et
composé exclusivement des officiers principaux du corps
des Janissaires, de sorte que ces derniers devinrent bientôt, par leur droit de vote, les véritables dispensateurs
du pouvoir. Vers 1635, Tunis possédait plus de 3,000 de
ces Janissaires et leurs chefs successifs avaient toujours
été appelés à gouverner. L'administrateur turc vit peu à
peu ses fonctions réduites à la perception du tribut que
le Dey payait annuellement au Sultan et son influence
diminua à tel point, qu'à partir de 1683 la Tunisie con-
sidéra la suzeraineté turque comme *purement nominale.*

Mahmed-Ichleby, qui était alors sur le trône, fut
quelques mois après expulsé de son royaume par les
frères Mahmoud et Aly, à la suite d'un soulèvement
que ceux-ci avaient préparé. Mahmoud, qui était l'aîné
prit le titre de Bey (1); il commença par abolir le droit
de vote et rétablir au profit de sa famille la monarchie
héréditaire. Sans repousser brusquement l'autorité de
la Porte, le Bey de Tunis paya irrégulièrement au Sultan
la redevance de ses prédécesseurs et la remplaça finalement par de rares présents.

A ce moment, les pirates barbaresques infestaient
la Méditerranée ; pour mettre fin à leurs exploits,
Louis XIV envoya Duquesne les frapper dans leurs principaux repaires. Alger fut bombardé deux fois, détruit
en partie (1681-1683), et obligé de rendre ses prisonniers ; Tripoli et Tunis éprouvèrent le même sort. Le
roi de France, qui en cette occasion s'était fait le protecteur de toutes les nations assises au bord de la Méditer-

____

(1) Mahmoud fut en effet le premier Bey de Tunis.

ranée, envoya après les opérations le maréchal d'Estrées demander à Tunis, comme compensation, des privilèges pour nos nationaux. Nos relations avec les Tunisiens avaient été jusque-là peu importantes ; en l'absence de traité, nos grandes maisons de commerce n'osaient tenter l'établissement de comptoirs dans ces contrées où leurs droits n'étaient ni reconnus ni garantis. Avec les *Capitulations*, qui furent conclues en 1685, notre situation changea, nos droits réciproques furent définis et un traitement de faveur fut accordé à la France.

Les rapports que Mahmoud entretenait avec le gouvernement algérien étaient peu amicaux. Le Dey d'Alger, sous le prétexte de punir les Tunisiens des incursions qu'ils tentaient sans cesse sur son territoire, attaqua Tunis (1689), renversa le bey et le remplaça par un de ses lieutenants nommé Hamed-ben-Chouk. Celui-ci ne se maintint sur le trône que pendant six années ; en effet, en 1695, Mahmoud, à la tête de tribus arabes recrutées dans l'intérieur, reprenait Tunis après une lutte désespérée.

Il eut pour successeur son frère Ramhadan qui mourut d'une fin tragique. Son neveu Mourad, fils d'Aly, ayant soulevé la population contre lui, le fit prisonnier et monta sur le trône à sa place ; le lendemain, Ramhadan trouvait la mort dans une tentative d'évasion.

Cependant, Mourad était peu sympathique, son caractère injuste et tyrannique le rendit bien vite odieux à ses sujets ; en 1702, il était assassiné par Brahim-el-Chérif qui prenait ensuite les rênes du pouvoir. Après trois ans de règne, fait prisonnier par le Dey d'Alger, Brahim-el-Chérif mourait en captivité à Bizerte (1705).

A sa mort, Hussein-Ben-Aly fut appelé à le remplacer. Ce prince, par sa bienveillance et sa justice, se fit rapidement aimer, mais son règne, dont les débuts avaient été calmes et prospères, fut troublé par les menées coupables d'un de ses proches parents. Resté sans enfants d'une première union, le nouveau souverain contracta un second mariage avec une Génoise dont il eut trois fils. Aly, son neveu, qui avait un moment espéré hériter du trône beylical et qui se voyait maintenant éloigné de la souveraineté, commença ses agissements et ses intrigues sans tenir compte des bontés et des faveurs que lui avait prodiguées son oncle, qui, pour le dédommager, l'avait fait nommer pacha par le Sultan. En retour de son affection pour lui, Hussein-Ben-Aly ne recevait que trahison et ingratitude. Aly, qui s'était employé à lui susciter des ennemis et à préparer la révolte, voulut tenter, à la tête d'émeutiers, d'escalader le pouvoir ; il échoua. Devant cet échec, il se rendit sans perdre de temps à Alger où, par ses excitations, il détermina les Algériens à marcher sur Tunis que ceux-ci occupèrent en 1735, après s'en être emparés par surprise. Hussein-Ben-Aly se retira alors à Kairouan. Mais cette victoire d'Aly-pacha fut loin d'être décisive : les hostilités continuèrent durant cinq années jusqu'au moment où ce dernier, considérant que son maintien au pouvoir ne pourrait être durable et définitif qu'avec la suppression de son oncle, le fit lâchement assassiner par son fils Younès (1735).

Hussein-Ben-Aly est le premier prince de la famille Husseinite qui occupa le trône de Tunis. Cette dynastie, dont descendent les Beys actuels, donna au pays un grand nombre de princes remarquables par leur haute valeur et leur intelligence.

Aly-Pacha régna une vingtaine d'années pendant lesquelles il ne put acquérir ni sympathie ni estime ; le crime qui avait ensanglanté le commencement de son règne, et qu'il ne sut faire oublier, demeura toujours un obstacle à la concorde et à l'apaisement. Le Dey d'Alger lui-même, qui avait été son complice et son protecteur, rompit avec lui et lui déclara la guerre. Après avoir été vaincu et destitué, Mahmoud fils d'Hussein-Ben-Aly monta sur le trône (1756) et Aly qui s'était attiré d'implacables inimitiés fut trouvé étranglé dans sa prison. Deux ans après, Mahmoud mourait. Comme il ne laissait que deux fils en bas âge, l'aîné occupa nominalement le pouvoir et la régence était confiée à Aly-Bey, frère d'Hussein-Ben-Aly.

Aly-Bey ne conserva la régence que peu de temps. Sa générosité et la sagesse de son administration le désignèrent bientôt comme le souverain futur du royaume, et dès 1760 il était appelé personnellement au pouvoir. Son règne valut au pays une prospérité exceptionnelle, le commerce et l'industrie prirent un essor inconnu jusque-là et le nombre des habitants de Tunis s'éleva au chiffre de 155.000 environ. Malgré cela, des difficultés se produisirent avec la France au sujet du droit de pêche sur les côtes tunisiennes. Les droits de nos nationaux étaient contestés, surtout en ce qui concernait la pêche du corail, et il convenait de mettre fin à des incidents aussi fréquents que regrettables. Mais des événements d'une plus haute gravité surgirent en 1770.

Voici quelle fut leur origine : le traité de Cateau-Cambrésis garantissait aux Génois l'île de Corse qu'ils possédaient de fait depuis 1481 par droit de conquête. A différentes époques, notamment en 1735, 1740 et 1755, les insulaires luttant pour leur indépendance se révoltèrent, ayant Paoli à leur tête, contre la domination Génoise. Les Génois, impuissants à réprimer ces insurrections successives et souvent formidables, engendrées aussi bien par la haine de leur domination que par l'amour des Corses pour la liberté, cherchèrent à se débarrasser d'une conquête restée rebelle à toute soumission. Le duc de Choiseul, ministre de Louis XV, à qui cette cession fut proposée, en accepta les obligations et la Corse fut à partir de ce moment réunie à la France (1768) (1).

Mais les Corses étaient alors en guerre avec Tunis ; le bey, sans considérer que l'île était désormais possession française, continua les hostilités, refusant de nous restituer les prisonniers et les navires capturés après la signature des traités. Devant cette attitude inattendue, plusieurs de nos vaisseaux, sous le commandement de l'amiral de Broves, firent voile vers Tunis et la Goulette, et, en présence de la stérilité de nos efforts tendant à un arrangement amical, l'escadre française bombarda les villes du littoral (1770). Aussitôt, un médiateur turc envoyé par la Porte vint engager des négociations qui aboutirent à la cessation des hostilités. Aly-Bey restitua les prisonniers et les navires ; le droit de pêche du corail nous fut laissé pendant cinq ans et, en outre, quelques Tunisiens coupables de meurtre envers nos nationaux furent sévèrement punis. En cette occasion, on a rendu hommage à la loyauté du Bey de Tunis qui, pendant toute la durée des opérations militaires, protégea nos compatriotes dans leurs personnes et même dans leurs intérêts commerciaux et leur permit de quitter la ville sur leur demande et en temps opportun.

Aly-Bey mourut en 1781 ; son fils Hamouda-Pacha le remplaça sur le trône. Le nouveau Bey, durant son

(1) On sait que Napoléon naquit en Corse en 1769, juste à temps pour naître Français.

long règne, ne cessa de se faire remarquer par sa bienveillance et son équité. Son administration ferme et intelligente contribua dans une large mesure à l'extension des relations commerciales du pays avec les principaux états de l'Europe, car avec lui la sécurité des
étrangers fut assurée ; mais, s'il protégea les honnêtes
gens sans distinction de religion, il veilla aussi à ce
que tous les coupables fussent châtiés. Jusqu'alors, les
mahométans avaient considéré certaines mosquées
comme offrant aux criminels un refuge inviolable, c'est
ainsi que tout individu, accusé d'un crime si odieux qu'il
fût, n'avait qu'à y pénétrer pour n'avoir plus à redouter
les atteintes de la justice. Hamouda-Pacha supprima ce
droit d'asile que le peuple regardait depuis longtemps
comme sacré. Indigné de l'impunité et des abus qu'en-
traînait cette coutume, il ordonna pour la faire cesser
de murer les ouvertures de ces retraites dès qu'un cou-
pable s'y réfugiait. Obligé de se rendre pour éviter une
mort certaine, celui-ci en était réduit à réclamer comme
une grâce sa comparution devant les juges. Hamouda-
Pacha mourut en 1814, après un règne de 32 ans ; il
eut pour successeur son frère Othmann-Bey, qui ne vé-
cut que quelques mois après son avènement au trône.

A sa mort, Mahmoud son neveu s'adjoignit son fils
Hussein-Bey, avec lequel il partagea les charges et les
responsabilités du pouvoir. Un événement considérable marqua le règne de ces deux princes : par un décret du mois de mai 1816, les chrétiens furent mis en
possession de tous leurs droits. Il supprima leur état
d'esclavage qui existait depuis la fin du XIIIᵉ siècle
et avait souvent excité la compassion des mission-
naires catholiques qui s'employaient à leur donner des
secours spirituels et temporels.

Au moment du décret d'abolition, les esclaves chrétiens étaient encore en grand nombre à Tunis, c'étaient des Siciliens, des Maltais et en majorité des Génois et des Vénitiens. On les occupait à différents travaux, chacun suivant son métier, et quoi qu'on en ait dit, leur sort n'était généralement pas très dur. Soumis envers leur maître à une redevance journalière, ce qu'ils gagnaient en plus leur appartenait, de sorte qu'ils pouvaient, avec de l'activité, du travail et de l'économie, posséder un jour ou l'autre la somme qui leur était imposée en échange de leur liberté.

La suppression du bûcher pour les juifs date aussi de cette époque. Jusqu'à l'avènement de Mahmoud et Hussein-Bey, les malheureux israélites condamnés étaient brûlés vifs sur la place publique, mais en 1818 la peste ayant désolé le royaume, le peuple attribua cette calamité à la mort d'un juif exécuté quelques mois auparavant et ce genre de châtiment cessa dès lors d'être appliqué. Nous préférons croire que la suppression de cet usage barbare, tout à l'honneur des souverains de Tunis, ne fut que la conséquence de leur esprit de justice et d'humanité.

A propos des nombreux israélites qui résidaient et résident encore en Tunisie et principalement à Tunis, et dont la date d'immigration remonterait, d'après certains auteurs, aux juifs qui vinrent s'établir en Afrique après la destruction de Jérusalem, il est plus vraisemblable qu'ils se fixèrent primitivement dans le pays sous le règne de l'empereur Adrien et que leur nombre s'accrut, surtout aux xive et xve siècles, après les mesures persécutrices dont ils furent l'objet de la part des Européens.

A partir de 1824, année de la mort de Mahmoud,

Hussein-Bey demeura seul sur le trône jusqu'en 1835. Son frère Mustapha-Bey élevé après lui au pouvoir, ne régna que deux ans ; il eut pour successeur son fils Ahmed-Bey (1837) qui fit preuve, pendant dix-huit années, d'une initiative réformatrice et libérale. Il transforma l'école militaire de Tunis en y appelant des professeurs et des instructeurs français, le directeur lui-même était un de nos compatriotes. Continuant les belles traditions de ses prédécesseurs, Ahmed décréta l'abolition de l'esclavage et l'émancipation des juifs jusqu'alors méprisés et persécutés : ce décret fut la conséquence de celui qu'il avait déjà rendu en 1840, ordonnant que tous les fils d'esclaves naîtraient libres à l'avenir. Ce prince eut toujours une préférence marquée pour notre pays. Sous le règne de Louis-Philippe, il versa 30.000 francs en faveur des victimes des inondations de la Loire et vers la même époque, il concéda à la France le terrain sur lequel eut lieu l'érection de la chapelle de Saint-Louis. Cette chapelle, de styles moresque et gothique combinés, fut construite à la place exacte ou présumée telle, où succomba Louis IX en 1270; elle est située sur la colline de Byrsa, à côté de l'emplacement de l'ancienne Carthage. Ahmed-Bey mourut en 1855, laissant les rênes de l'État à Sidi-Mohammed, son cousin.

Deux ans s'étaient à peine écoulés que le nouveau souverain de Tunis, ami réel du progrès, réglementa la constitution de la régence en la dotant d'un *Pacte fondamental* et d'une *Loi organique* ou *Code administratif et politique du royaume Tunisien*. Il faut citer parmi les clauses les plus libérales de cet acte important : l'obligation de l'impôt pour toutes les classes, l'accès de tous aux emplois publics, la garantie de la propriété individuelle, la liberté du commerce et enfin l'égalité devant la loi. Il est à remarquer que, de cette œuvre puissante et hardie, se dégage une accession véritable aux mœurs et aux lois européennes. C'était, dans tous les cas, un grand pas vers la civilisation et à ce titre on doit être reconnaissant au Bey de Tunis de n'avoir pas hésité à rompre avec des préjugés et des traditions considérés jusque-là comme immuables.

En 1869, Mohammed-es-Sadok montait sur le trône : son frère Sidi-Mohammed venait de mourir après un règne de 4 ans. L'article 9 de la nouvelle *Loi organique* stipulant que tout prince, à son avènement, devait prêter serment en invoquant le nom de Dieu, de ne rien faire qui fût contraire aux principes du *Pacte fondamental* et à ses lois, le premier acte du Bey fut de s'y conformer dans les termes suivants :

« Au nom du Dieu clément et miséricordieux, béni
« soit celui qui a fait que la confiance soit la cause la
« plus efficace de la prospérité! Que les bénédictions
« et le salut soient sur notre Seigneur Mohammed,
« ses parents, ses compagnons et tous ceux qui les ont
« suivis dans le bien!

« J'ai reçu l'hommage des hauts dignitaires présents,
« conformément au Pacte fondamental qui garantit à
« tous les habitants la sûreté de leur honneur, de leurs
« biens et de leurs personnes, et qui renferme différents
« autres principes et obligations que feu mon frère et
« Seigneur Mohammed, Bacha-Bey, s'est engagé à obser-
« ver sous la date du 20 moharrem 1274, et, conformé-
« ment à ce qui est prescrit dans ledit Pacte fondamen-
« tal, j'ai juré et je jure devant Dieu que je respecterai
« tous les principes qui y sont établis et que je ne ferai
« rien qui leur soit contraire.

« Ces mots ont été dits par moi et répétés en mon
« nom par celui qui les lit. Ma signature et mon cachet
« qui sont apposés sur cet acte sont un témoignage
« digne de foi et évident pour toutes les personnes pré-
« sentes à cette assemblée et pour tous nos sujets et
« les habitants de nos États.

« En conformité de cela, vous devez respect et obéis-
« sance. »

« Que Dieu soit en aide à tous les assistants !

« Donné le samedi 25° jour du mois de Sfar 1276. »

Dès le début de son règne, Mohammed-es-Sadok manifesta la ferme intention de se conformer strictement
aux principes de la nouvelle loi organique. La chose,
dans son application, n'était assurément pas aisée en
présence d'un peuple fanatique que les avantages des
mœurs occidentales n'avaient pas réussi jusqu'alors à
séduire. Le Bey ne négligea rien qui pût concourir à
cette longue et difficile transformation, les réformes
furent poursuivies et complétées par lui vers 1860.
S'inspirant de nos propres institutions, il nous emprunta
nos lois commerciales, notre système d'impôts, notre
conscription militaire et fonda un moniteur officiel de
la Régence.

Malheureusement, l'élément rétrograde n'accepta pas,
sans protester, un état de choses qui venait détruire
irrévocablement les préjugés et les abus séculaires ;
son dépit se traduisit d'abord par un mécontentement
sourd qui prit, en 1863, une tournure des plus graves. La
situation intérieure se compliqua à tel point que les con-
fidents de Mohammed lui conseillèrent, dans son propre
intérêt, de travailler à la détente et à l'apaisement des
esprits en revenant brusquement en arrière, c'est-à-
dire à l'ancien régime. Mais le Bey, qui considérait l'ap-

plication des nouvelles lois comme liée à la prospérité
et à l'avenir de la Régence, persévéra, malgré les résistances des hauts dignitaires, à poursuivre son œuvre de civilisation et de progrès. Cette résolution fut le
signal d'une insurrection formée en majeure partie de
montagnards Kroumirs et conduite par Sidi-bel-Abel,
frère de Mohammed-es-Sadok, qui dans l'unique but de
soustraire le royaume à l'influence occidentale avait
soulevé par ses excitations le parti *vieux-tunisien*,
systématiquement opposé à toute innovation. Le Bey
fit courageusement face aux difficultés présentes. Il
combattit avec la dernière énergie les meneurs et les
inspirateurs de ce mouvement révolutionnaire qui, par
les mesures prises, fut rapidement réprimé ; Sidi-bel-
Abel, battu et fait prisonnier, mourut peu de temps après
au Bardo à l'âge de 32 ans.

L'ordre rétabli, Mohammed-es-Sadok mit ses soins à
faire prévaloir ses idées : il encouragea l'industrie et les
arts et prit l'initiative de grandes entreprises indispensa-
bles au développement du commerce. Les savants qui
vinrent à Tunis explorer les ruines de Carthage reçurent toujours un accueil bienveillant, les plus grandes
facilités leur furent accordées pour mener à bien leurs
recherches scientifiques.

Toutes ces transformations eurent pour conséquence
d'épuiser rapidement les ressources de l'État. En
1865, le Bey émit sur la place de Paris des obligations remboursables par tirages annuels, mais les
embarras d'une situation difficile empêchèrent le gouvernement tunisien d'en effectuer le remboursement
à la première échéance ; des complications diplomatiques en résultèrent et finalement une rupture survint.
Elle fut toutefois de courte durée, car à la suite d'engage-

ments solennellement pris devant le Consul de France (1), les relations amicales se renouèrent entre les deux pays.

Toutefois, au chiffre de la dette qui augmentait sans cesse vinrent s'ajouter de nouveaux retards dans les paiements. Les créanciers de la Régence, perdant alors toute confiance, réclamèrent des garanties et firent imposer par les puissances européennes un contrôle qui prit le nom de commission financière (1869).

Cette commission eut pour but d'exercer une surveillance constante sur les finances de la Tunisie et d'administrer la partie des impôts que le Bey avait cédés en nantissement aux porteurs d'obligations. La dette, qui s'élevait à 275 millions, fut liquidée, unifiée et débarrassée de ses créances irrégulières : l'inspecteur des finances chargé de cette laborieuse mission s'en acquitta avec tant d'habileté et d'intelligence que, son travail terminé, elle se trouvait réduite à 125 millions.

Mohammed-es-Sadok fit tous ses efforts pour imprimer aux transactions commerciales du pays une activité nouvelle ; entre temps la Régence avait pris part à notre Exposition universelle de 1867, où ses produits avaient été avantageusement appréciés. De grands travaux furent mis à l'étude et entrepris. Citons parmi ceux-ci, la création de lignes télégraphiques, de voies ferrées et la construction du fameux aqueduc de Tunis à Zaghanan. En ce qui concerne ce dernier, tout fait supposer qu'il s'agit bien de la réédification de l'ancien aqueduc romain qui, à l'époque de Carthage, conduisait à Tunis les eaux de la montagne.

Comme on le verra par la suite, les grandes entre-

---

(1) En raison des droits et des intérêts que nous avions à sauvegarder, le Bey nous accorda, entre autres choses, la concession des lignes de Tunis à Bizerte et à Sousse.

prises firent éclater au grand jour les rivalités qui s'é-
taient manifestées à diverses reprises, mais d'une façon
peu ostensible, entre les représentants des différentes
puissances. Déjà, quand le percement de l'isthme de
Suez avait été accompli, l'Angleterre avait mis tout en
œuvre pour jouer dans la Régence un rôle prépondérant;
c'est elle qui construisit en Tunisie le premier chemin de
fer. Bientôt, le gouvernement beylical, ému des secrètes
préoccupations des consuls étrangers, essaya de conso-
lider sa situation qu'il considérait comme ébranlée par
l'action des influences contraires qui se trouvaient en
présence. Sur les conseils de Kereddine-Pacha, son
premier ministre, le Bey demanda à la Porte d'établir,
une fois pour toutes, les conditions de son vasselage
vis-à-vis du Sultan. Il fut alors arrêté que le souverain de Tunis, bien que cessant d'être tributaire de ce
dernier, ne pourrait sans son consentement ni décla-
rer la guerre ni céder une partie quelconque de son
territoire. Le Bey continuerait à recevoir l'investiture
de Constantinople, il régnerait en maître absolu à l'intérieur, mais en cas d'hostilités de la Porte avec une
nation étrangère, il devrait mettre son armée à la disposition de cette première.

Nous ferons remarquer que contrairement à cette
dernière clause, aucune expédition de troupes tunisiennes ne fut appelée, pendant la guerre turco-russe, à
combattre auprès des soldats turcs; c'est dire que ce
firman resta toujours lettre morte, nous ajouterons
qu'il ne fut *jamais reconnu par aucune puissance.*

Plus tard, la Régence de Tunis devint le théâtre de
difficultés et de tracasseries autrement sérieuses provo-
quées, en grande partie, par la politique italienne dans
le but avéré de combattre notre influence dans le pays.

Notre gouvernement se trouva dans la nécessité d'intervenir, à propos de la pose d'un câble télégraphique entre Tunis et la Sicile. Cette intervention bien légitime n'avait pas pour objet d'empêcher l'établissement de la ligne sous-marine elle-même, mais seulement de s'opposer à la création, dans la capitale de la Tunisie, d'un bureau télégraphique italien géré par des employés italiens, alors que, le monopole des télégraphes était acquis à la France, par une convention datée de 1859. Les nationaux italiens nous accusèrent bien à tort, en cette circonstance, de chercher à contrarier l'initiative étrangère ; les faits qui suivirent démontrent que, pour ne pas laisser porter atteinte à nos droits incontestables, nous dûmes au contraire, à diverses reprises, repousser les prétentions italiennes, dont le mobile était de contrecarrer nos projets, d'annihiler notre influence et d'en arriver sinon à nous supplanter dans la Régence, du moins à nous imposer bénévolement une *part à deux*.

Une deuxième affaire, qui agita fortement l'opinion dans les deux pays, fut celle relative à la concession d'un chemin de fer entre la Goulette et Tunis (1). Primitivement, la concession de cette voie ferrée appartenait à une compagnie anglaise ; mais celle-ci ayant transmis régulièrement ses droits à la compagnie française Bône-Guelma, la compagnie italienne Rubattino, qui convoitait pour son propre compte la cession de ce privilège, intrigua de telle sorte qu'elle finit par obtenir l'annulation pure et simple de l'acte précédent et la mise à l'adjudication publique du chemin de fer en question. Peu de temps après, M. Rubattino s'en rendait adjudicataire à un prix exhorbitant et tellement peu en rapport avec les

(1) La distance de Tunis à la Goulette est de 15 kilomètres.

espérances pécuniaires qu'il était possible de concevoir, que cette opération fut de prime-abord difficilement expliquée. Toutefois, cette explication fut toute trouvée, quand on apprit que le gouvernement italien, loin de se désintéresser de ces démêlés locaux, avait consenti pour cette entreprise une garantie d'intérêt de 6 0/0. Plus tard, le journal arabe *le Mostakel*, imprimé en Sardaigne, attaquait nos institutions avec la dernière violence. Dans différentes villes d'Italie, on organisait des manifestations anti-françaises et, à plusieurs reprises, les ministres du roi Humbert durent s'entremettre pour effacer cette exaltation en ce qu'elle avait de blessant pour notre dignité et notre patriotisme. D'un autre côté, le consul italien Maccio n'apporta pas toujours, dans ses rapports avec notre représentant, la correction qu'exigeait l'opposition même de nos intérêts respectifs et, par son attitude regrettable, la situation n'en était rendue que plus difficile. Il ressortait clairement, de l'ensemble de tous ces faits, que des tentatives occultes étaient dirigées contre notre influence afin de modifier, à notre préjudice, l'état politique de la Tunisie. La chose était à ce point évidente, que notre gouvernement fut dans l'obligation de faire sentir son action à l'étranger et de notifier au gouvernement de Rome son intention formelle de ne rien laisser entamer de nos prérogatives et de nos droits acquis. Les rapports étaient ainsi tendus, quand des événements d'une tout autre nature éclatèrent sur notre frontière algérienne.

Depuis longtemps déjà, les tribus tunisiennes limitrophes de l'Algérie, sous prétexte de territoires mal définis ou contestés, se livraient sur nos indigènes à toutes sortes de méfaits, incendiant les forêts, enlevant les récoltes, les troupeaux, ne reculant même pas devant le meurtre quand l'occasion était propice. A la suite de ces faits délictueux, des délégués nommés par les gouvernements français et tunisiens avaient tenu de nombreuses conférences afin d'évaluer les préjudices causés et fixer les réparations qui nous étaient raisonnablement dues. Mais nos justes réclamations ne furent pas toujours entendues et les faibles indemnités, que nous obtenions quelquefois, n'étaient jamais en rapport avec les dommages subis. Au mois de février 1881, la frontière fut de nouveau troublée par de graves incidents. La tribu des Kroumirs, envahissant notre territoire (1) tentait de nous en expulser par la force, menaçant nos caïds de les passer par les armes s'ils ne se soumettaient à leurs injonctions. Une action énergique fut aussitôt engagée contre les Tunisiens qui, pour éviter un châtiment mérité, se replièrent sur leur territoire; le Bey, mis en demeure de nous accorder réparation, accepta les conditions qui lui furent imposées.

Cette tribu des Kroumirs qui, quelque temps après, devait être la cause directe de notre intervention militaire, prétend descendre du grand marabout Sidi-Abdallah-ben-Djemel. Elle occcupe une région boisée et montagneuse d'un accès très difficile; ses principales ressources sont le produit de l'élevage du bétail et surtout des vols et des pillages commis sur les tribus voisines. Les Kroumirs sont d'une nature indépendante, guerrière et courageuse, le terrain accidenté de leur pays se prête admirablement à leur système de guerre sans stratégie ni tactique, mais tout d'embuscades et de surprises. Dégradés de mœurs, bas d'instincts, corrompus, cruels et d'un fanatisme excessif, les Kroumirs sont le vrai

(1) Il s'agit ici de territoires que les délégués avaient, à la suite de leurs travaux, reconnus comme appartenant à la France.

type de populations abâtardies dont le caractère guerrier a seul survécu à des siècles de barbarie et de despotisme. C'est cette même tribu qui, en 1878, pilla le navire français *l'Auvergne* mis à la côte près de Tabarka et infligea à nos marins de cruels traitements.

Enfin, les 30 et 31 mars 1881, les Kroumirs franchissaient résolûment notre frontière d'Algérie et attaquaient à l'improviste notre tribu des Ouled-Nehed ; l'engagement du 30 fut relativement peu sérieux, mais celui du lendemain eut une durée de dix heures. Devant cette série d'attentats et en présence d'événements qui dépassaient en gravité toutes les incursions précédentes, notre gouvernement prit immédiatement ses dispositions pour assurer, une fois pour toutes, le respect de notre frontière et empêcher désormais les tentatives analogues de se produire.

Il s'imposait à notre dignité et à nos intérêts que la sécurité de nos tribus algériennes ne fût pas plus longtemps compromise par des faits aussi contraires aux usages et aux droits des gens. Le Bey de Tunis était impuissant à faire rentrer dans le devoir ces tribus insoumises, sur lesquelles il n'exerçait qu'une autorité fictive. Dans ces conditions, le gouvernement français fit savoir à Mohammed-es-Sadok qu'une action militaire allait être engagée dans les plus brefs délais, le Bey fut en outre invité à nous prêter son concours pour la punition des rebelles et la pacification de la Régence.

A la date du 23 avril, tout était prêt pour commencer les opérations, le corps expéditionnaire était placé sous le commandement supérieur du général Forgemol et le lendemain 24, la colonne Logerot franchissait, au chant de la *Marseillaise* et sans incident notable, la frontière tunisienne. C'était le point de départ des hostilités.

Notre intention n'est pas d'entrer dans les détails de la campagne de Tunisie, le cadre de cet opuscule ne nous le permet pas et le but que nous nous sommes proposé en l'écrivant s'en trouverait modifié sans aucun avantage pour notre travail. Plusieurs auteurs compétents ont retracé les opérations de notre armée d'une façon d'autant plus précise qu'ils ont suivi de leurs yeux les diverses phases de l'expédition. Pour ces motifs, nous nous bornerons à l'énumération des faits principaux, au fur et à mesure qu'ils se sont produits.

Deux jours après, le 26 avril, le général Logerot, à la tête de ses troupes, entrait au Kef sans être inquiété; à sa vue, le gouverneur de la place s'était immédiatement porté au devant de lui et avait fait sa soumission. Cette première occupation, effectuée sans résistance, causa une impression salutaire dans tout le pays. Dans la même journée, nos marins débarquaient à Tabarka et s'emparaient du Bordj-Djeddid que notre flottille avait bombardé dès la veille. Nous occupons ensuite Bizerte le 2 mai et Djedeida le 10 du même mois. Malgré le mauvais temps persistant qui rendait les marches difficiles dans un sol détrempé par des pluies torrentielles, nos opérations furent toujours conduites avec une remarquable vigueur.

Dans l'intervalle des événements qui précèdent, une colonne tunisienne forte de 2.000 hommes, sous les ordres du prince Ali-Bey, frère de Mohammed-es-Sadok, avait été signalée. L'autorité militaire craignant naturellement qu'au lieu de concourir à la répression ces contingents indigènes ne fissent bientôt cause commune avec les insurgés, le général Logerot provoqua une entrevue dans laquelle il enjoignit à Ali-Bey de rentrer à Tunis, en passant par Testour et Medjez-el-bab, afin d'éviter le gros des tribus insoumises. A quelques jours de là, une deuxième colonne commandée par Si-Selim, ministre de la guerre, recevait la même injonction et consentait à se retirer comme l'avait fait Ali-Bey. Débarrassée de ces auxiliaires peu sûrs et qui pouvaient tout compromettre à un moment donné, notre expédition suivit un cours heureux et relativement facile. Le 11 mai, après un engagement peu important, nos soldats firent quelque butin et campèrent autour du marabout de Sidi-Abdallah.

Le 12, le général Bréart, selon ses instructions, installe son camp à la Manouba et se rend au Bardo pour proposer à Mohammed-es-Sadok le traité de Casr-Saïd, qui fut signé par Son Altesse.

Quelques chefs de tribus avaient déjà fait leur soumission; le 15, les Ouled-ben-Saïd demandaient l'*aman*. Mais notre action militaire ne touchait pas à sa fin avec la signature du traité du Bardo, qui, comme on le sait, n'était pas à proprement parler un traité de paix. En effet, nous n'étions pas en guerre avec la Régence et parmi les clauses acceptées le 12 mai par le Bey de Tunis, l'appui de nos forces militaires, pour le rétablissement et le maintien de l'ordre intérieur, lui était définitivement assuré. On peut donc dire que le traité, en dehors de toutes les autres considérations politiques, vint régulariser, en la reconnaissant indispensable au gouvernement beylical, notre intervention militaire.

Le 18 mai, en avançant sur Mateur, le général Maurand était assailli par une colonne ennemie forte d'environ 3.000 hommes que, pendant trois heures, notre artillerie ne parvint pas à réduire. En présence de cette résistance, nos troupes se préparaient à l'assaut de la place, lorsque le drapeau blanc se montra, les portes de la ville furent ouvertes, nos cavaliers y pénétrèrent les premiers et les notables de Mateur s'avancèrent au devant du général en protestant de leur soumission.

A Béjà, ville située à l'entrée principale de la Kroumirie, on s'attendait également à une résistance obstinée. Les événements ne justifièrent pas ces prévisions. Le 20, le général Logerot faisait son entrée dans la ville au milieu d'une population pleine de confiance et qui, sans s'émouvoir, n'interrompit même pas ses travaux ordinaires. Chaque jour apportait de nouvelles demandes d'aman. Nous occupons successivement Souk-el-Arba, Sidi-Abdallah le 22 mai, El-Khadouma et Sidi-Fatalla le 6 juin, Souk-el-Djema le 7. De tous côtés, les principaux chefs des tribus soulevées reconnaissent l'impossibilité de lutter contre nos forces habilement conduites, ils continuent à se soumettre à nos officiers supérieurs, les cheiks des Ouchtetas viennent s'incliner à leur tour. Mais on apprend bientôt que cette tribu, qui s'est signalée en toute occasion par ses déprédations et ses pillages, agit ainsi à notre approche, pour avoir le temps de mettre en lieu sûr ses nombreux troupeaux ; elle veut par ce moyen échapper à une expiation qu'elle voit prochaine, quitte à renouveler ensuite ses attaques contre nos Algériens, mais satisfaction ne lui est pas donnée. Le 18 juin, nos cavaliers, lancés à leur poursuite, leur infligent une sévère correction, ramenant au camp une razzia considérable et un grand nombre de prisonniers.

La soumission était générale, les points divers de la Régence désignés comme devant rester occupés par nos troupes sont : Tabarka, Aïn-Draham, le Kef, Gardimahou, Mateur, Bizerte, Béjà et la Manouba. La cessation des hostilités nous permettait de compléter, avec les effectifs disponibles, ces garnisons reconnues nécessaires au maintien de l'ordre public.

En résumé, le corps expéditionnaire avait atteint le but assigné à ses efforts en deux mois d'opérations. Pendant cette période, les chefs de nos colonnes avaient, par leurs bonnes dispositions et leur habileté, détruit l'esprit d'insoumission et paralysé les résistances de nos adversaires. Chaque rencontre avait été pour ces derniers un échec, notre drapeau avait parcouru avec honneur toutes les parties de la Régence, depuis le pays peu connu des Kroumirs jusqu'aux portes mêmes de Tunis, et ces résultats avaient été obtenus grâce à l'ardeur et au patriotisme dont avait fait preuve notre armée, dans tous les rangs de la hiérarchie.

Nous ne pouvons passer sous silence le fait significatif qui se produisit deux jours avant la signature du traité de Casr-Saïd, c'est-à-dire peu de temps après le commencement de notre action militaire. Par une note diplomatique à ses représentants à l'étranger, la Porte protestait contre l'entrée de nos troupes sur le territoire tunisien ; elle sollicitait en outre l'intervention des puissances et menaçait d'envoyer sa flotte devant Bizerte si nous ne nous retirions pas.

Le but évident que poursuivait à ce moment la Turquie n'était autre que de proclamer la destitution de Mohammed-es-Sadok, souverain héréditaire, et de le remplacer par un gouverneur ottoman révocable à volonté. En l'état, notre ministre des affaires étrangères dut notifier immédiatement à la Porte que tout envoi de forces militaires serait considéré par la France comme un *casus belli* ; il ajoutait que l'escadre fran-

çaise s'opposerait par les armes à tout débarquement
sur un point quelconque de la Régence. Devant notre
attitude déterminée, le Gouvernement de Constantinople jugea prudent de ne pas persévérer dans sa
première résolution et notre expédition militaire put
suivre régulièrement son cours.

Comme il a été dit, la campagne de Tunisie avait
duré un peu plus de deux mois, du 24 avril au
1er juillet, date de la dislocation du corps expéditionnaire. Cependant on doit, pour être exact, ne comprendre
dans cette période que la campagne proprement dite,
car, en vertu même des clauses du traité du Bardo, notre
pays dut, en sa qualité de puissance protectrice, accomplir par la suite des devoirs militaires qu'il s'était engagé
à remplir. Ainsi que nous l'avons indiqué, à la date du
12 mai, le général Bréart, commandant le corps d'expédition des côtes de la Tunisie, avait été désigné comme
ministre plénipotentiaire avec mission de se rendre au
Bardo à l'effet de présenter à S. A. le Bey le traité
proposé par notre gouvernement. Mohammed-es-Sadok
l'accepta et y apposa sa signature en présence de notre
consul général M. Roustan, du général Maurand et de
l'état-major du général Bréart.

Voici le texte de cet important document:

« Le gouvernement de la République française et
celui de Son Altesse le Bey de Tunis, voulant empêcher
à jamais le renouvellement des désordres qui se sont
produits récemment sur les frontières des deux États
et sur le littoral de la Tunisie, et désireux de resserrer
leurs anciennes relations d'amitié et de bon voisinage,
ont résolu de conclure une convention à cette fin, dans
l'intérêt des hautes parties contractantes.

« En conséquence, le Président de la République fran-

çaise a nommé pour son plénipotentiaire M. le général
Bréart, qui est tombé d'accord avec Son Altesse le Bey
sur les stipulations suivantes :

« Article 1er. — Les traités de paix, d'amitié et de
commerce et toutes autres conventions existant actuellement entre la République française et Son Altesse le
Bey sont expressément confirmés et renouvelés.

« Article 2. — En vue de faciliter au gouvernement
de la République française l'accomplissement des mesures qu'il doit prendre pour atteindre le but que se pro-
posent les hautes parties contractantes, Son Altesse le
Bey consent à ce que l'autorité militaire française fasse
occuper les points qu'elle jugera nécessaire pour assurer le rétablissement de l'ordre et la sécurité de la
frontière et du littoral; cette occupation cessera lorsque les autorités militaires françaises et tunisiennes
auront reconnu, d'un commun accord, que l'Administration locale est en état de garantir le maintien de
l'ordre.

« Article 3. — Le Gouvernement de la République
française prend l'engagement de prêter un constant
appui à Son Altesse le Bey de Tunis contre tout danger
qui menacerait la personne ou la dynastie de Son Altesse ou qui compromettrait la sûreté de ses États.

« Article 4. — Le gouvernement de la République
française se porte garant de l'exécution des traités
actuellement existants entre le gouvernement de la
Régence et les diverses puissances européennes.

« Article 5. — Le gouvernement de la République
française sera représenté auprès de Son Altesse le Bey
par un ministre résident qui veillera à l'exécution du
présent acte et qui sera l'intermédiaire des rapports du
gouvernement français avec les autorités tunisiennes

pour toutes les affaires communes aux deux pays.

« Article 6. — Les agents diplomatiques et consulaires de la France en pays étrangers seront chargés de la protection des intérêts tunisiens et des nationaux de la Régence. En retour, Son Altesse le Bey s'engage à ne conclure aucun acte ayant un caractère international, sans en avoir donné connaissance au gouvernement de la République française et s'être entendu préalablement avec lui.

« Article 7. — Le gouvernement de la République française et le gouvernement de Son Altesse le Bey de Tunis se réservent de fixer d'un commun accord les bases d'une organisation financière de la Régence, qui soit de nature à assurer le service de la dette publique et à garantir les droits des créanciers de la Tunisie.

« Article 8. — Une contribution de guerre sera imposée aux tribus insoumises de la frontière et du littoral. Une convention ultérieure en déterminera le chiffre et le mode de recouvrement dont le gouvernement de Son Altesse le Bey se porte responsable.

« Article 9. — Afin de protéger contre la contrebande des armes et des munitions de guerre les possessions algériennes de la République française, le gouvernement de Son Altesse le Bey de Tunis s'engage à prohiber toute introduction d'armes ou de munitions de guerre par l'île de Djerba, le port de Gabès ou les autres ports suds de la Tunisie.

« Article 10. — Le présent traité sera soumis à la ratification du gouvernement de la République française et l'instrument de ratification sera remis à Son Altesse le Bey de Tunis dans le plus bref délai possible.

CASR-SAID, LE 12 MAI 1881.

SIGNÉ : MOHAMMED-ES-SADOK ; — GÉNÉRAL BRÉART.

Comme on l'a vu par le rapide exposé que nous en avons fait, les opérations militaires continuèrent après la signature de ce traité, mais à partir de ce moment nous ne poursuivîmes plus notre action en adversaires de la Régence, mais en alliés et en protecteurs. Ce qui le démontre amplement, c'est que, dans la suite, nos troupes, ayant à réprimer des actes de rébellion, virent les soldats tunisiens marcher avec elles. Un camp d'insurgés établi, à Aïn-Turka, fut enlevé par une action combinée ; la colonne d'Ali-Bey, entraînée par notre artillerie, fit cause commune avec nous et porta son drapeau de notre côté. Aussi, dans l'avenir, Mohammed-es-Sadok nous laissa-t-il prendre dans ses États les mesures qu'il ne pouvait assurer par ses propres forces et qui furent toujours exécutées au double profit du gouvernement tunisien, que nous avions à protéger, et des intérêts français, que nous avions à défendre dans le pays.

Cependant, la convention de Casr-Saïd avait produit chez certaines puissances étrangères une émotion qui prenait uniquement sa source dans les regrets et les déceptions que leur causait le nouvel état de choses. Nous eûmes à lutter bientôt contre de réelles difficultés que nous suscitèrent en grande partie ces éléments rivaux, difficultés qui se traduisirent à brève échéance par un soulèvement général et inattendu.

En effet, nos opérations militaires dans le nord de la Tunisie venaient à peine de prendre fin, qu'une effervescence nouvelle était signalée de plusieurs côtés. Cette agitation était surtout la conséquence des intrigues turques et italiennes, mais on doit faire entrer en ligne de compte les prédications des marabouts et les menées aggressives des sectes religieuses dépendantes de Kairouan.

dont les émissaires parcouraient les régions du Sud, excitant les tribus à l'insoumission et à la révolte. Des agents étrangers, avec mission de soulever les populations déjà soumises, étaient envoyés de Tripoli et même de Constantinople. Le gouvernement ottoman se plaisait à considérer notre installation en Tunisie comme une atteinte directe à ses droits de suzeraineté et renforçait déjà les garnisons de la Tripolitaine. Notre ambassadeur en Turquie dut intervenir et faire entrevoir à la Porte que l'envoi de forces militaires à Tripoli, ainsi que les agissements du gouverneur de cette ville ne pouvaient qu'inspirer de légitimes appréhensions au gouvernement de la République. Ce dernier, de son côté, n'hésitait pas à affirmer hautement on intention formelle d'imposer à tous et par tous les moyens le respect absolu du drapeau français. La fermeté de cette déclaration ne tarda pas à être mise à l'épreuve.

Le 28 juin, une révolte soudaine éclatait à Sfax ; presqu'au même moment, quelques tribus du Sud oranais se soulevaient sous la conduite du marabout Bou-Haméma. Il nous fallait frapper un coup décisif et rapide ; l'escadre de la Méditerranée reçut immédiatement l'ordre de se rendre devant Sfax, qu'elle bombarda les 15 et 16 juillet. Nos marins et nos soldats eurent à combattre la résistance, solidement préparée, des Arabes venus de l'intérieur pour défendre la ville qui, dès le 16 au soir, était occupée par nos troupes. Le 24, Gabès se rendait après une faible défense ; à Monastir, Médéah, Sousse, nos soldats reçurent un accueil empressé. Le 5 août, Mohammed-es-Sadok recevait l'amiral commandant notre escadre dont la mission était terminée, et le félicitait d'avoir réprimé d'une façon aussi éclatante et aussi prompte l'insurrection de ses sujets.

Après l'occupation militaire de Tunis et de ses forts (5 octobre), la prise de Kairouan (29 octobre), la campagne touchait à sa fin et sauf quelques incidents, engendrés par les conséquences d'une occupation étrangère dans un pays où la population est armée, on put considérer l'expédition comme terminée et notre protectorat comme définitivement établi. Il est incontestable que cette campagne maritime, si vigoureusement conduite, fut la sanction obligatoire du traité de Casr-Saïd en même temps qu'un avertissement aux fauteurs de désordres, sur lesquels elle produisit une impression durable de crainte et de respect.

Cette sorte de soumission d'une contrée riche jadis, et susceptible de le redevenir avec une direction adminisnistrative ferme et vigilante, était bien faite pour nous donner une patriotique satisfaction. Le gouvernement de la République, par sa ferme volonté d'assurer la paix avec nos voisins et grâce à l'abnégation et au dévouement de notre armée, venait d'établir à côté de notre belle colonie algérienne un vaste et nouveau champ de colonisation. Car la France, respectueuse de l'indépendance nationale des Tunisiens et fidèle à sa politique pacifique et civilisatrice, donnait à l'Europe ce haut exemple, qu'elle fit la guerre sans annexion et sans semer derrière elle ni la haine ni les rancunes des vaincus. C'était le protectorat et non la conquête !

Nous trouvâmes en Tunisie un gouvernement faible et sans autorité. La population, sauf quelques tribus belliqueuses, était bien plus attirée vers le commerce et les travaux de l'agriculture que vers les dangers de la guerre ; dans ces conditions, notre rapide action militaire avait eu moins d'efforts à dépenser pour briser les résistances et les mauvaises volontés. En ce pays d'Orient, où la force est tout, nos succès n'avaient pas peu contribué à faire accepter dans un délai relativement court notre domination, d'ailleurs juste et bienveillante, et désormais, si des difficultés étaient à redouter, on devait les attendre bien plus du dehors que de l'intérieur.

Pendant la période transitoire qui suivit forcément nos opérations militaires, survint la mort de Mohammed-es-Sadok. Ce souverain, qui n'avait eu en vue que la transformation et la prospérité de la Régence, s'était mis, depuis notre arrivée, courageusement à l'œuvre et avait toujours loyalement observé les différentes clauses du traité du Bardo. A sa mort, son corps fut transporté à la Toulba (tombeau des Beys), escorté par nos troupes qui lui rendirent les derniers honneurs. Ali-Pacha-Bey, son frère, lui succéda sur le trône (octobre 1882). Plein de courtoisie et de distinction, le nouveau Bey manifesta aussitôt son intention formelle d'encourager toutes les mesures propres à assurer le développement de la Tunisie. De concert avec notre Ministre résident, ministre des affaires étrangères de la Régence, il rechercha avec assiduité les réformes les plus urgentes, ne restant jamais indifférent à tout ce qui touchait au progrès et à la civilisation. Désormais, notre action dans le pays ne donnait plus lieu à des difficultés intérieures sérieuses, car en dehors des excellentes dispositions d'Ali-Pacha-Bey, il faut reconnaître que, d'une façon générale, l'indigène tunisien ne possède ni l'instinct nomade ni l'esprit de rébellion de nos Arabes d'Algérie. Le Tunisien, plus habile dans le commerce et moins réfractaire à notre influence, n'a pas tardé à comprendre que notre administration était la sauvegarde de ses intérêts et que notre protectorat apporterait chaque jour à son état social des améliorations constantes, dont il serait le premier à bénéficier.

Le régime des Capitulations qui existait en Tunisie lors de notre installation ne fut pas immédiatement modifié après la reconnaissance de notre Protectorat ; certaines critiques s'élevèrent contre le maintien de cet état de choses qu'aucune clause du traité de Casr-Saïd ne venait réformer. Au lieu de supposer que notre diplomatie ait pu commettre un oubli si grave, il est bien plus admissible, il est certain même qu'en la circonstance elle a été forcée de tenir compte de motifs supérieurs et secrets qui l'ont contrainte à agir ainsi. Quand les Capitulations furent imposées au Sultan par le Roi de France, nos agents étaient les seuls protecteurs des Européens en pays musulmans et tout le commerce du Levant se faisait sous le couvert de notre pavillon. Il est évident que depuis cette époque les choses ont bien changé. Par suite du développement simultané de l'industrie et du commerce dans les principales nations, des déplacements et des modifications d'influences étrangères, tout le monde a fini par en obtenir, et nos privilèges primitifs sont devenus la propriété de chacun.

Avec les Capitulations, le droit de juger, de punir, l'exécution des sentences appartenaient aux divers consuls en ce qui concernait leurs nationaux ; cette situation donnait fréquemment naissance à des injustices, à des abus criants qui firent même certain bruit à l'époque, et que nous ne rappellerons pas ici. On reconnaîtra que le gouvernement français fit preuve en cette occasion d'un tact et d'une modération dignes d'éloge et que, sans rien brusquer, il attendit jusqu'en 1883 pour modifier cet ancien et arbitraire régime. Cette année-là,

un décret, rendu au mois de mars, transforma complètement nos relations avec les éléments européens et
indigènes et un traitement équitable remplaça la répression par trop paternelle des consuls. C'était la suspen-
sion des Capitulations. Cette sage décision vint heureu-
sement enrayer les contraventions et les fraudes, elle
mit fin aux scandales et à l'impunité en remettant à
nos magistrats les pouvoirs judiciaires des consuls
étrangers.

Depuis, les justiciables européens, avec la réserve
du statut personnel, ont accepté notre législation et
témoigné leur confiance dans l'intégrité et l'impartia-
lité de nos juges. Par leur fonctionnement régulier, nos
tribunaux possèdent aujourd'hui une autorité, d'ailleurs
rapidement acquise, que seules les mauvaises volontés
et l'esprit d'opposition systématique s'obstinaient à
ne pas leur reconnaître au début de leur création. Cependant la poursuite de certains délits est restée déférée
aux magistrats musulmans et les sujets tunisiens ont
rarement recours à nos tribunaux. Mais ce qui a laissé
chez ces derniers une impression efficace, c'est le
droit donné à nos magistrats de veiller à la sécurité des
Européens, droit précédemment réparti entre tous les
consuls et que l'autorité beylicale avait été impuissante
à obtenir des gouvernements étrangers.

La valeur de notre personnel judiciaire en Tunisie
ne peut être mise en doute, car la métropole a toujours
apporté à son recrutement un soin particulier et nous
ajouterons obligatoire. C'est qu'en dehors des connais-
sances multiples qu'exigent les usages, la langue, les
mœurs de nos justiciables, nos magistrats doivent ap-
pliquer dans certains cas le code italien, le code rabbi-
nique, l'ordonnance de Rohan ou les décrets beylicaux

et qu'en plus de cela ils ont la haute mission de faire aimer la France qu'ils représentent, par leur droiture et leur équité. Aussi, bien que les services judiciaires n'existent dans la Régence que depuis un nombre d'années restreint, leur direction supérieure et leur excellent esprit de méthode est au-dessus de toute critique.

Nous avons dit que les sujets tunisiens n'étaient justiciables de nos tribunaux que dans certains cas exceptionnels. Si étrange que cette exception puisse paraître au premier abord, il est cependant certain que cette substitution ne pouvait être accomplie sans porter une atteinte flagrante aux prérogatives beylicales et, par conséquent, sans mettre en contradiction nos actes avec nos engagements consistant à respecter nous-mêmes comme à faire respecter par les autres, les droits souverains du Bey. Malgré cela, il a été donné de constater maintes fois que l'élément indigène n'a jamais tenté d'user de violence envers nos officiers ministériels, lorsque ces derniers ont eu à agir en vertu de jugements rendus par nos tribunaux. Il est vrai que sous ce rapport, et sous bien d'autres, depuis que la surveillance des chefs indigènes et des populations a été confiée à des contrôleurs civils, les caïds et les cheiks nous ont toujours prêté un concours précieux.

Les contrôleurs civils français ont été créés en Tunisie par un décret du 4 octobre 1884 ; leur tâche ardue consiste à tirer le plus grand parti possible de l'ancienne organisation tunisienne, à la transformer sans secousse, sans provoquer la méfiance. Ils ont mission de tout protéger, tout surveiller, tout réglementer ; inspirateurs des actes et des décisions des grands chefs, ils doivent aussi les observer et les diriger. On voit que, par leurs

nombreuses attributions, notre prestige parmi les tribus de la Régence repose en grande partie sur chacun
de ces fonctionnaires qui sont en un mot, auprès des
chefs indigènes, ce qu'est notre Ministre résident auprès
du Bey. L'institution des contrôleurs civils, basée sur
celle des administrateurs d'Algérie, a rendu en Tunisie
de réels services à la cause de notre influence et de la
civilisation en inculquant progressivement nos traditions et nos usages à cette vieille société qu'ils s'effor-
cent de rénover et qui, dans la majorité des cas, est
opposée à toute modification comme à tout progrès.

Jusqu'en octobre 1890, les contrôleurs civils ont directement relevé du Résident général; mais à cette
date, M. Massicault, dont on n'est plus à compter les
réformes dans les diverses branches de l'administration
beylicale, proposa de concentrer sous une direction
spéciale ce corps de fonctionnaires, incontestablement
le plus important de la Tunisie, dans le but de coordon-
ner ses travaux, de grouper les résultats de ses expé-
riences et d'assurer son unité d'action. A la suite de
ses louables efforts, notre gouvernement, convaincu des
avantages multiples que retirerait la colonisation de
ce nouveau projet, créait par un décret du 16 octobre
une direction des renseignements et du contrôle, dont
les services étaient annexés à la résidence générale.
Et dans l'avenir, cette création récente, en concentrant
les devoirs de ce haut fonctionnaire sur cet unique élément, est destinée à imprimer à ces agents dévoués une
suite de vues et d'inspirations que rendront plus profi-
tables encore la cohésion et l'homogénéité que cette
décision fera naître. Trois mois auparavant, on avait
rendu hommage à l'intelligente initiative du Résident

actuel à l'occasion de la loi du 19 juillet (1), qu'il avait provoquée, et qui ne peut manquer d'avoir de fécondes conséquences, puisqu'en faisant disparaître les obstacles douaniers elle doit infailliblement déterminer un redoublement d'activité économique, qui s'est d'ailleurs déjà manifesté dans la Régence.

D'autre part, le service des renseignements, qui vient d'étendre le rôle des contrôleurs civils, aura pour principaux résultats d'épargner le temps et les frais à l'élément colonisateur, ainsi que de préparer et de faciliter les transactions ayant pour objet l'accroissement de la population agricole expérimentée. Appelés par leurs fonctions à parcourir leur circonscription, les contrôleurs en connaissent toutes les ressources et sont, plus que personne, aptes à suggérer les améliorations propres à mettre en valeur la fertilité et les richesses du sol.

Malgré l'abondance de ses productions, l'état des finances de la Tunisie était peu brillant à notre arrivée, et de ce côté encore notre activité trouva un vaste terrain d'améliorations et de réformes. Le nombre des porteurs français d'obligations tunisiennes, qui représentait les trois cinquièmes environ des créanciers de la Régence, et la situation qui nous était faite par l'art. 8 du traité de Casr-Saïd, stipulant qu'une contribution de guerre serait payée à la France à titre d'indemnité, nous créaient des intérêts et des droits indiscutables à la réorganisation financière du pays. La commission financière, qui fonctionnait régulièrement depuis 1869, était composée d'un comité exécutif et d'un comité de contrôle,

_____

(1) La loi du 19 juillet 1890 accorde l'admission en franchise ou des traitements de faveur à certains produits tunisiens à leur entrée en France.

le premier chargé de percevoir et de dépenser, le second de contrôler et d'administrer. Elle assurait depuis son existence la bonne et sévère administration des finances tunisiennes, mais elle l'assurait surtout avec l'unique préoccupation des intérêts qu'elle avait à sauvegarder. En effet, l'agent liquidateur n'avait eu à considérer ni les moyens ni les changements propres à concourir à la prospérité de la Régence : son rôle s'était limité à garantir strictement les droits des créanciers, même en paralysant dès le début toute tentative d'innovation. La commission financière était en outre, par son caractère international, de nature à inspirer aux esprits pessimistes des appréhensions qui, du reste, ne furent jamais justifiées. Absolument retranchée dans son œuvre spéciale, on est bien forcé de reconnaître qu'elle resta, en toute occasion, étrangère aux conflits politiques qui surgirent avant et pendant notre intervention.

Toutefois, cet état de choses a disparu aujourd'hui; la France, en garantissant la dette, s'est attribué le contrôle ou pour mieux dire la gestion des finances. Actuellement, la Trésorerie reçoit les versements des caïds, des receveurs des douanes, des contributions diverses, etc., la direction des finances, composée d'un personnel français, d'une valeur et d'une probité reconnues, constitue dans les opérations une garantie de régularité bien faite pour imprimer aux recettes une augmentation notable. Les appels de fonds extraordinaires destinés à couvrir les déficits du Trésor ne se sont plus reproduits depuis notre installation. Le bénéfice de ces transformations ajouté à notre constant et loyal respect des coutumes des indigènes, qui s'est toujours dégagé des réformes réalisées, est aux yeux des Tunisiens une certitude pour leur sécurité et pour l'avenir économique du pays.

Les contributions diverses se composent des produits des forêts, des domaines, des amendes, des taxes, des postes, des télégraphes et de la redevance des biens *Habbous*. Ces derniers proviennent de donations consenties par des musulmans au profit, soit de mosquées ou de villes, soit d'œuvres de bienfaisance ou d'associations religieuses.

Les contributions indirectes comprennent : *les droits de la Karoube*, perçus sur la vente et les loyers d'immeubles, sur les monopoles affermés et non affermés (1), les droits de timbre appliqués seulement aux papiers portant l'empreinte officielle beylicale, employés par les musulmans.

Les *Mahsoulats*, droits perçus sur les adjudicataires des fermages, dont le rendement est invariable, puisque ceux-ci en versent préalablement au budget le montant convenu d'avance et qu'ils se substituent ensuite à l'État pour la perception de ces impôts.

Les *Khodors*, droits sanitaires maritimes et de port appliqués seulement à l'île de Djerba.

Les impôts directs sont les suivants :

La *Medjba*, auquel est soumis tout sujet tunisien mâle depuis l'âge de 15 ans; cette taxe personnelle, qui était de 27 piastres en 1869, est aujourd'hui fixée à 32 piastres par tête; elle a été successivement élevée à 33 piastres en 1870, 40 piastres en 1871, et 47 piastres en 1872.

L'*Achour*, impôt de trente piastres par charrue sur

(1) Parmi les monopoles affermés il faut citer les droits de vente d'animaux, de laines, de tannage des peaux (ces derniers récemment supprimés), les monopoles de lapoudre, du plâtre, etc. La prise par l'État du monopole des tabacs et du sel date de l'année 1890.

la production de l'orge et du blé, payable en argent ou en nature.

Le *Quanoun-Nahal*, impôt variable sur les dattiers. Il est de 1 fr. 50 pour ceux des oasis du Sud ; la vente des dattes supporte en outre un droit de *Mahsoulat*.

Le *Quanoun-Zitoun*, taxe sur les oliviers, également variable suivant l'espèce ou le rapport.

La *Dîme*, droit de 10 0/0 sur la fabrication de l'huile.

Le *Rebot*, impôt très élevé sur les éponges, les œufs, etc. ; il est une sorte de produit d'octroi et apporte au Trésor des sommes considérables : il est acquitté généralement en nature.

L'impôt sur les boissons n'existe pas en Tunisie.

Tel est, rapidement exposé, le régime fiscal de la Régence. Nous y avons opéré des remaniements nombreux qui se poursuivent encore actuellement, puisque de grands projets sont en ce moment à l'étude ; c'est ainsi qu'on peut prévoir la disparition prochaine des monopoles et des fermages, qui est dès aujourd'hui décidée en principe. L'État perçoit déjà directement les taxes des marchés et du *Dar-el-Djeld* (1), cette disposition va incessamment être appliquée au fermage des plâtres et des briques, comme elle l'a été déjà au monopole de la tannerie ; la régie directe du sel et du tabac est également réalisée depuis l'année dernière. Il n'est douteux pour personne que l'exploitation sans intermédiaire, tout en fournissant aux contribuables des qualités supérieures, constituera pour l'État un bénéfice considérable. Enfin, le temps est peu éloigné, où, par la suppression progressive des monopoles affermés, la perception des impôts, encore abandonnée en partie

(1) Les taxes du *Dar-el-Djeld* sont celles applicables à la vente des laines et au tannage des peaux.

aux concessionnaires, se trouvera exclusivement confiée aux agents du fisc, seuls capables d'assurer dans de bonnes conditions la rentrée exacte des capitaux et par suite l'augmentation du budget des recettes, le tout au détriment des adjudicataires intéressés.

Malgré les réformes, assurément nombreuses, qui restent à accomplir, en Tunisie, on doit reconnaître combien est grand le chemin parcouru depuis l'occupapation française. D'après le budget de 1881-1882, les revenus de la Régence s'élevaient à 10.760.000 francs, dont 5.120.000 affectés au payement de la dette et la différence, soit 5.640.000, réservée au gouvernement tunisien. Ce dernier chiffre, à la vérité, était presque complètement employé au traitement des divers fonctionnaires, de sorte que la somme qui restait applicable aux travaux publics, à l'armée, à la marine, était absolument dérisoire. A cette époque, le budget des recettes était d'environ 21 millions de piastres ; depuis, il s'est élevé et maintenu au chiffre moyen de 32 millions ; mais il est à remarquer que, dans cette somme, ne sont pas compris les dégrèvements que nous avons effectués et qui sont de 6 millions de piastres ; ce qui donne un total réel de 38 millions. D'un autre côté, le dernier relevé des douanes accuse, par rapport aux chiffres de 1880, une plus-value de 28 millions de piastres pour les importations et de 5 millions de piastres pour les exportations ; l'ensemble des recettes ordinaires des cinq derniers exercices a atteint la somme de 161.700.505 piastres ; enfin, pendant le premier semestre de 1890, les exportations se sont accrues de neuf millions de piastres. Ces chiffres éloquents se passent de tout commentaire, et les heureux effets obtenus par notre protectorat sur le développement de la prospérité publique sont surabondamment démontrés par leur seul exposé.

Nous ne pouvons parler de la situation financière de la Régence sans dire quelques mots d'une réforme capitale qui s'impose et qui lui est intimement liée : la réforme monétaire. Celle-ci, unanimement réclamée par le public, est sur le point d'être accomplie, grâce à l'activité du Résident général et à l'appui bienveillant du Bey de Tunis. Sans nous arrêter aux différentes pièces de monnaies d'or ou d'argent qui sont toutes des multiples de la piastre, dans les proportions de, or : 5, 10, 20, 50, 100, argent : 2, 3, 4, nous examinerons cependant la piastre elle-même, parce qu'elle est la base de toutes les autres et la monnaie courante du pays. La piastre est une pièce d'argent de mauvais aloi, qui a subi en outre plusieurs variations tant pour le poids que pour le titre. Sous le règne de Hussein-Bey, son poids était de 15 grammes et son titre de 0,4040, actuellement elle ne pèse que 11 grammes et demi au titre de 0,2874. Sa valeur précédemment si variable a été fixée à 0 fr. 60 par un décret de juillet 1888; elle a pour monnaie divi_sionnaire la caroube ou *Garouba*, dont on se sert couramment en Tunisie comme des sous en France. La piastre, qui ne se rapporte à aucune monnaie d'Europe, est absolument incommode, et son écoulement difficile ne peut qu'entraver dans une large mesure les relations commerciales. D'après le projet à l'étude, on opérerait le retrait au pair des monnaies beylicales pour y substituer une monnaie équivalente à la monnaie française basée comme elle sur le système décimal avec le franc pour étalon. On frapperait des pièces de 5 et 10 centimes, de un, deux, cinq, dix et quinze francs, cette dernière pour remplacer *le boukoffa*, que le public s'est habitué à considérer comme d'une valeur de quinze francs;

Toutes ces pièces possédant alors la même valeur que
les monnaies françaises en auront naturellement le
même alliage, elles porteront l'indication de leur valeur, d'un côté en arabe avec le nom du Bey régnant,
de l'autre côté en français avec le millésime ; la frappe
en sera confiée au gouvernement protecteur afin qu'elle
soit plus facile et plus parfaite et qu'elle inspire plus
de crédit en n'étant pas sujette à l'altération rapide des
monnaies beylicales. La nouvelle monnaie tunisienne
aura cours non seulement en France, mais en Europe,
puisqu'elle sera de même valeur que la nôtre ; on peut
donc entrevoir, dès maintenant, l'action que cette re-
fonte monétaire est appelée à exercer sur les relations
entre nos deux pays, sur le développement du commerce
de la Régence et sur ses transactions avec l'étranger. Les
adversaires de cette réforme ont fait valoir, dans le but
sinon de l'empêcher d'aboutir, du moins de la retarder,
que des troubles sérieux dans les échanges étaient à
redouter et que les indigènes confondraient toujours la
nouvelle pièce de 1 franc avec l'ancienne piastre sup-
primée. En présence d'une transformation si étroitement
attachée au progrès commercial de la Tunisie, notre gouvernement ne pouvait tenir compte de raisons aussi spé-
cieuses et cela d'autant moins que les populations indigènes détiennent depuis longtemps des pièces de un franc
qu'ils connaissent bien, que les commerçants des villes
préfèrent les monnaies latines aux piastres actuelles et
que les Arabes d'Algérie distinguent parfaitement les
monnaies qui ont cours des pièces chiliennes, mexicaines
ou espagnoles qu'ils refusent d'accepter. Mais en dehors
de tous ses avantages, la substitution du nouveau régime
monétaire sera une juste réplique aux arguments de
l'opposition dictés surtout par un esprit de particula-

risme outré, qui consiste à repousser systématiquement toutes les modifications tendant à l'assimilation de la Régence et à préconiser au contraire celles qui n'auraient pour effet que d'accentuer son isolement.

Une tentative d'introduction du système métrique a été faite dans le pesage public et il est désormais certain que, peu de temps s'écoulera avant la transformation du régime actuel. Sous le rapport des poids et mesures, les bases d'évaluation sont encore mal déterminées, elles engendrent la confusion et favorisent parfois la fraude. Nous ne citerons qu'un exemple : *le métal* comme mesure de capacité pour les huiles égale 16 kilogrammes à Tunis, 18 kilogrammes à Monastier, 19 à Sfax, etc. Notre initiative a rencontré de ce côté quelques difficultés d'ordre intellectuel dans les masses indigènes ignorantes, accoutumées à la routine et à la défectuosité de leur système.

La population de la Régence est évaluée à 2.500.000 habitants dont 145.000 environ pour Tunis ; c'est donc, après le Caire et Alexandrie, la ville la plus importante du continent africain. Mais les éléments sérieux de statistique font défaut à cause de la défense faite aux hommes, et conséquemment aux agents de recensement, de pénétrer dans les appartements réservés aux femmes ; il est par suite bien difficile de connaître exactement le chiffre des populations musulmanes, dans l'obligation où l'on se trouve d'accepter, sans pouvoir les contrôler, les déclarations des chefs de famille.

Malgré les chaleurs souvent excessives (1), le climat de Tunis est salubre, et les fièvres pernicieuses, si communes sur le littoral de l'Afrique, y font de rares ap-

---

(1) Pendant la saison d'été, la température varie de 32 à 33 degrés et il n'est pas rare de la voir monter jusqu'à 43.

paritions. Les ressources naturelles et industrielles de la Tunisie sont : en première ligno, les olives, qui constituent la principale richesse du pays, tout le nord de la Régence est couvert d'oliviers; viennent ensuite le blé, l'orge, le riz, les dattes, les bananes, l'alfa et les légumes de toutes sortes ; la sparterie, la maroquinerie, les tissus, laines, tapis, chachias, les armes, les chevaux, les mulets qui se recommandent par leur vigueur et leur force, les chèvres, les chameaux, les bourriquets de petite taille, le gibier et le poisson en grande quantité. Ajoutez à cela les mines de fer, de cuivre, de plomb, les carrières de pierres et do marbres d'une très belle qualité; mentionnons aussi les sources de l'Hamman-Lif, qui jouissent d'une bonne réputation pour les maladies du système nerveux et qui pourront devenir un jour un établissement thermal recherché. On voit, par cette énumération, que les ressources de la Tunisie sont aussi étendues que variées; le sol, d'une fertilité extraordinaire dans certaines régions, manque malheureusement d'eau dans le centre et dans le sud, de sorte que, dans ces dernières, la production annuelle dépend directement de l'abondance des pluies d'hiver. Les vallées formées de terre végétale, que l'action des pluies fait descendre des montagnes, sont destinées à produire de magnifiques récoltes quand les moyens d'arrosage seront suffisamment répandus. Actuellement, Tunis et ses environs sont sous ce rapport les plus favorisés, grâce à l'ancien aqueduc de Carthage, reconstruit en partie il y a quelques années.

Nous avons dit que les olives étaient la première source de richesse du pays; mais, jusqu'à l'installation d'industriels français, l'huile qu'en exprimaient les indigènes était de qualité inférieure à cause de leurs procédés de fabrication défectueux. Les moyens d'extraction étaient jusque-là si primitifs et si grossiers que l'huile, bien que ni fine ni épurée, n'était jamais complètement extraite des résidus ou grignons, que l'on expédiait en France où on les pressurait une deuxième fois. Aujourd'hui, il n'en est plus ainsi, car, parmi nos compatriotes, les nombreux fabricants qui se sont établis dans la Régence, en apportant avec eux toutes sortes d'engins perfectionnés pour l'apurement et le raffinement des huiles, obtiennent les produits de première qualité, pouvant être comparés aux huiles fabriquées par nos meilleures maisons du midi. Mais avec le perfectionnement de l'outillage, la quantité d'huile extraite s'est notablement accrue et tout récemment notre gouvernement, se conformant à la loi du 19 juillet 1890 (1), rendait un décret autorisant l'admission en France de 4.500.000 litres d'huile d'olive d'origine et de provenance tunisiennes. Cette décision était pour la Régence une nouvelle preuve de la sollicitude des pouvoirs publics.

En ces dernières années, nos compatriotes ont également donné une grande extension à la culture de la vigne sur laquelle il est permis de fonder, dès maintenant, de grandes espérances ; jusqu'à présent, les résultats sont excellents sous le double rapport de la quantité et de la qualité. Le vin est fourni par des plantations prises dans nos meilleurs vignobles et entretenues avec le plus grand soin par des vignerons du métier ; il a été planté, depuis 1889, 780 hectares de vignes nouvelles et les plantations se poursuivent toujours. La récolte, qui avait été de 15.000 hectolitres en 1888 et de

(1) Se reporter au renvoi de la page 49.

36.500 en 1889, s'est élevée en 1890 à 70.000 hectolitres environ; de plus, lorsque les terrains désignés
pour être plantés en vignes seront en plein rapport, on
évalue que la récolte atteindra de 280.000 à 300.000
hectolitres. Il est de toute évidence que cette grande
quantité de vin sera de beaucoup supérieure à la consommation annuelle de la Tunisie, consommation qui
ne dépasse guère 45.000 hectolitres, mais, avec l'abais-
sement des droits de douane que la loi de juillet 1890
a assuré aux produits de la Régence, la viticulture et le
commerce trouveront un encouragement et un bénéfice,
et l'exportation un aliment. Enfin, dans les régions du
Sud, qui n'étaient guère auparavant qu'un désert, des
agriculteurs venus de France ont commencé la culture en
grand et d'immenses terrains, jusque-là restés incultes,
ont été ensemencés.

Pour faire face à ce redoublement prévu d'activité
industrielle et commerciale, des travaux considérables
ont été entrepris. Les plus importants sont ceux relatifs
au port de Tunis destiné à permettre aux navires, qui ne
peuvent arriver qu'à la Goulette, d'atteindre jusqu'à la
ville. Actuellement, les marchandises sont transbordées
par le chemin de fer italien et soumises de ce fait à un
tarif de 3 fr. à 3 fr. 50 par tonne; ces frais supplémen-
taires et la perte de temps seront évités avec le projet
dont l'exécution est activement menée : une somme de
11.240.000 piastres a déjà été prélevée sur les excé-
dents des cinq dernières années et affectée aux travaux
du port de Tunis et des phares. Un auteur éminent a dit
que Bizerte (1) serait un jour notre Toulon africain et
que Tunis en serait notre Marseille; il est certain que le

(1) Bizerte est en effet appelé, par sa situation, à devenir un port
militaire très important.

port de Tunis est appelé à un grand avenir commercial, le tonnage des navires entrés en rade de la Goulette en 1881 a été de 320.000 tonneaux et il a plus que doublé depuis cette époque, mais son importance augmentera d'autant plus dans la suite que nous développerons les ressources du pays et que nous y multiplierons les voies et moyens de communications intérieures. Déjà, 109 kilomètres de routes ont été construits, un grand nombre de ponts achevés, l'école secondaire des filles, le port de Bizerte et les égouts de Tunis entrepris. Un premier réseau de voies ferrées va bientôt être achevé et réunira Tunis aux autres villes de la Régence, les courriers maritimes avec la France sont devenus plus nombreux et plus réguliers. Signalons aussi la pose, à brève échéance, d'un câble télégraphique sous-marin de Marseille à Tunis, qui rendra les plus grands services à son commerce et à ses relations avec la Métropole et dont la création est arrêtée dans les sphères gouvernementales.

Enfin, si depuis notre protectorat, la Tunisie a pris un développement considérable, c'est qu'après la période d'intrigues qui a marqué notre installation dans le pays, les principaux éléments d'opposition, reconnaissant notre influence prépondérante et la considérant comme définitive, ont permis à celle-ci de s'exercer librement dans le sens de l'organisation et des réformes. Pourtant, si le crédit de la France s'est accru dans une aussi grande proportion parmi les populations tunisiennes, il faut l'attribuer, en majeure partie, à la moralisation de l'administration et des affaires qui nous à rapidement acquis les sympathies des indigènes, et cela à tel point que ces derniers voient maintenant en nous une garantie assurée contre l'autorité souvent arbitraire

des gouverneurs et des caïds. Et si notre action est
désormais acceptée avec confiance, c'est parce que
l'ensemble des progrès que nous avons déjà realisés
dans leur état social des est pour eux une preuve pal-
pable que nous en poursuivrons sans cesse l'améliora-
tion. Aussi, ces populations nous sont-elles maintenant
attachées, car elles ont pu constater bien des fois que
nous avons toujours évité de les contrarier, dans leurs
coutumes et dans leurs intérêts, par des réformes admi-
nistratives trop brusquement introduites. Cette modération, que certains ont blâmée, a donc porté ses fruits chez
les indigènes qui, au fur et à mesure qu'ils assistaient à
la disparition des anciens abus, voyaient augmenter à
leurs yeux les avantages de notre protection et de notre
amitié. Il faut reconnaître cependant que notre action ci-
vile a été autrement rapide, et disons-le pour être juste,
autrement facile qu'en Algérie. On ne peut guère, en
effet, établir de comparaison entre la Tunisie telle que
nous l'avons trouvée, et notre colonie africaine telle
qu'elle était au moment de la conquête; cette dernière
était sous tous les rapports bien plus arriérée. Dans la
Régence, le sol est plus riche, la population plus intelligente et plus habile aux travaux manuels. Sous le
rapport de la civilisation, la Tunisie était aussi de
beaucoup supérieure et cela est facilement explicable :
en dehors de leur nature moins belliqueuse et moins
indépendante, les Tunisiens connaissaient nos mœurs
et nos usages longtemps avant notre arrivée chez eux.
Car, avec les entreprises publiques que l'autorité beylicale
nous avait antérieurement concédées et qui nous avaient
fait connaître, le voisinage de l'Algérie, en leur commu-
niquant depuis de longues années nos coutumes et notre
influence, les avait préparés, pour ainsi dire, à une

assimilation éventuelle. Ces prédispositions étaient sans doute susceptibles de réduire, dans une certaine mesure, les difficultés de *contact* que notre occupation devait fatalement rencontrer à son origine. Mais, si le gouvernement de la République a obtenu d'aussi beaux résultats dans un pays où tout était à reconstituer : les institutions, les lois, le crédit, etc., c'est qu'il a poursuivi, avec une constante et louable assiduité, son œuvre nettement protectrice et civilisatrice, secondé par des Résidents généraux de haute valeur et des fonctionnaires dévoués dans tous les rangs de la hiérarchie.

En résumé, l'agriculture et le commerce, qui périclitaient, ont reçu une vigoureuse impulsion par suite de la réforme financière qui a fait disparaître les vices d'un système qui décourageait la production. L'ordre et l'honnêteté ont été introduits dans l'administration ; nous avons opéré pour plus de 4 millions de francs de dégrèvements annuels, converti deux fois la dette et établi l'équilibre du budget. La réforme judiciaire est un fait accompli ; par nos soins, l'instruction publique a été considérablement répandue, près de 11.000 enfants fréquentent actuellement les écoles. Si nous ajoutons à cela les travaux exécutés ou en cours d'exécution, la réduction des frais de justice à l'étude, la réfection monétaire, qui va être réalisée sur les instances d'un Résident général dont le nom est désormais synonyme de progrès en Tunisie, on reconnaîtra que rien n'a été négligé pour mener à bonne fin les innovations et les réformes ayant pour effets l'accroissement de la fortune publique et l'affermissement de l'influence française.

Dans ces conditions, les colons, attirés par la richesse d'un sol que quelques années de travaux suffisent à faire surgir, certains maintenant de trouver un écoulement à leurs produits en même temps qu'une protection efficace de leurs droits, iront, plus nombreux encore que par le passé, déployer dans la Régence leur expérience et leur activité où, en servant leurs intérêts, ils ne cesseront de concourir à la fortune économique du pays.

Puis, dans l'avenir, cette contrée d'une fertilité peu commune, ayant sacrifié ses préjugés et ses traditions séculaires, entièrement convertie à nos idées et à nos mœurs, apparaîtra, au milieu du développement croissant de ses dons naturels, rajeunie et réorganisée dans son état social. Et ce sera l'honneur de notre France, d'avoir accompli, par son action bienfaisante et régénératrice, la transformation complète de ce petit État musulman, auquel, en dehors d'avantages incalculables, elle aura assuré une ère durable de Justice, de Travail et de Prospérité.

Poitiers. — Imp. BLAIS, ROY et Cie, rue Victor-Hugo, 7.